客房服务与管理
实训技能指导

陈红艳 王娟 ◎ 主编

西南交通大学出版社
·成 都·

图书在版编目（CIP）数据

客房服务与管理实训技能指导 / 陈红艳，王娟主编
. —成都：西南交通大学出版社，2022.11
ISBN 978-7-5643-8944-4

Ⅰ. ①客… Ⅱ. ①陈… ②王… Ⅲ. ①客房 - 商业服务 - 中等专业学校 - 教学参考资料②客房 - 商业管理 - 中等专业学校 - 教学参考资料 Ⅳ. ①F719.2

中国版本图书馆 CIP 数据核字（2022）第 183944 号

Kefang Fuwu yu Guanli Shixun Jineng Zhidao
客房服务与管理实训技能指导

陈红艳　王　娟　主编

责任编辑　吴　迪
助理编辑　杨　倩
封面设计　吴　兵

出版发行　西南交通大学出版社
（四川省成都市金牛区二环路北一段 111 号
西南交通大学创新大厦 21 楼）
邮政编码　610031
发行部电话　028-87600564　028-87600533
网址　http://www.xnjdcbs.com
印刷　成都中永印务有限责任公司

成品尺寸　185 mm × 260 mm
印张　8
字数　182 千
版次　2022 年 11 月第 1 版
印次　2022 年 11 月第 1 次
书号　ISBN 978-7-5643-8944-4
定价　26.00 元

课件咨询电话：028-81435775

PREFACE

前 言

当前，我国已经全面建成小康社会，实现了第一个百年奋斗目标，开启了全面建设社会主义现代化国家新征程。《教育部关于深入学习贯彻〈国家职业教育改革实施方案〉的通知》指出，2035 中长期目标和 2050 远景目标对职业教育提出了新的更高要求。加快发展现代职业教育，既有利于缓解当前就业压力，也是解决高技能人才短缺的战略之举。职业教育要强化人才的有效供给和适度超前储备，为社会成员就业创业、在岗提升提供保障。要以现代职业教育的大改革大发展，加快培养国家发展急需的各类技术技能人才。

新疆铁道职业技术学院为了贯彻落实《国家职业教育改革实施方案》提出的关于提升技术技能人才培养质量的要求，将标准化建设作为统领职业教育发展的突破口，狠抓教师、教材、教法，建立健全学校设置、师资队伍、教学教材、信息化建设、安全设施等办学标准，促进校企“双元”育人，提升受教育者的职业适应能力和可持续发展能力。学院全面落实立德树人根本任务，深化专业、课程、教材改革，提升实习实训水平，努力实现职业技能和职业精神培养高度融合。本系列教材的编写，立足学生的主体发展，坚持基础理论“实用、够用”，本知识“面宽、灵活”，实训技能“主线贯穿”的原则，力争做到目标设置全面性、内容选择实用性、课程评价科学性，以满足高素质技能人才培养的需求。

由于本教材是为辅助学生进行实训项目操作练习、帮助学生巩固课堂所学理论知识、促使学生学以致用而编写的，因此，需要向读者说明以下几点：第一，由于学生已经在课堂中学过相关基础知识，因此，每个项目中的“实训内容”并未详细阐述“基础知识”，而是把重心放在了“服务技能”即指导学生“如何做”的问题上。第二，每个项目中的“实训任务书”并非对“实训内容”的完全重复，而是对其内容的总结，因此，存在“实训任务书”的内容与“实训内容”不完全相同的情况是正常的。第三，“随堂练习”中的部分题目是结合学生的具体实践来设计的，因此，存在“实训内容”和“实训任务书”没有涉及相关题目内容的情况是正常的。

本教材的编写存在许多不足之处，希望能够得到广大职教同仁的指导和帮助，以不断提升学校教学改革工作。

编者

2022 年 7 月

CONTENTS

目 录

1

模块一

认识客房部

项目一 认识客房部

实训目的

（1）认识客房部，了解客房部的基础知识。

（2）明确客房服务员的岗位职责。

（3）了解客房服务员的基本素质。

实训方法

学生实地参观，观摩访谈，并且绘制酒店标准间平面图。

实训时间

2 课时

实训内容

1. 基础知识

客房部的基础知识；客房服务的基本要求；客房的基础知识。

2. 准备工作

了解酒店基础知识，酒店的组织结构，客房服务的工作岗位及岗位职责；设计参观酒店的流程。

3. 服务技能

1）仪容仪表的整理

（1）仪容仪表。

① 上岗必须穿饭店规定的制服以及鞋袜，男员工穿黑色的袜子，女员工穿肉色丝袜。

② 服装必须熨烫平整，纽扣扣齐，干净整洁，工牌端正地佩戴在左胸处。皮鞋保持光亮，整洁。

③ 保持面容的干净、整洁。男服务员每天修面，不留胡须。女服务员可化淡妆，上少许口红、眼影，香水的使用一定要适量，不可浓妆艳抹。

④ 发型美观大方，经常梳理。男服务员鬓角不过耳，后不过领。女服务员如留长发，需用黑色发卡束起，不得加其他头饰。头发要经常洗，保持头发清洁、整齐，不得有头屑。

⑤ 不可戴戒指、项链、耳饰、手镯、手链等饰物。

⑥ 手部保持清洁，经常修剪指甲，女服务员上班不允许涂指甲油。

⑦ 经常洗澡，身上无异味。

（2）礼节礼貌。

① 称呼礼节。要用敬语称呼客人，如“先生”“太太”“女士”等称呼，并能主动问候客人，在客人距离 5～7 米的时候就要注视他们，面带微笑，当客人距离 2 米远的时候，要主动问候。

② 接待礼节。遇到客人时要主动问候，对待所有客人都应该一视同仁，送别客人时要与客人说“再见”，并说“欢迎下次光临”。

③ 使用礼貌用语。客人入住登记时，要对客人表示欢迎与问好。客人离店时，要对客人表示欢送。与客人交谈时，必须站立，保持微笑。对待客人提出的问题要耐心地回答，如果遇到自己不懂的问题，不能回答“不知道”。

④ 举止规范。在工作期间，要注意“走路轻、说话轻、操作轻”，举止要端庄大方，态度要和蔼可亲，在服务的时候要保持身体姿态的优雅规范，手势语要规范适度，在向客人指示方向时，手指并拢，掌心向上，切忌用手指指指点点。

2）介绍客房

（1）为客人介绍房间的设施设备以及使用方法。

首先介绍酒店的服务项目。例如介绍酒店的餐饮服务、娱乐设施、酒店的特色服务项目。其次介绍房间部分设施设备的使用方法，例如介绍房间的淋浴、保险箱、电视、电话、空调等设备的使用方法。对设备使用方法的介绍需参考顾客的需求，如果是酒店的老顾客，则不需要详细介绍。

（2）用礼貌用语为客人介绍房间。

为客人介绍房间时要尊重客人，语言流畅。例如：您好，先生/女士，欢迎光临。我向您介绍一下客房设施设备的使用方法，好吗?

（3）了解客情，熟悉房间的设施设备，能为不同的客人提供有针对性的介绍服务。

例如：您好，女士！临近“三八”国际劳动妇女节，我们酒店为所有住店的女士免费提供一次美容养颜服务，您可以到酒店 3 楼的美容美发中心去领取。

4. 要点提示

（1）进入客房前，首先要按门铃或轻轻敲门，并介绍“我是客房服务员”，在征得客人的同意之后再进入房间。

（2）在客房内工作，房门必须半掩，不得关门，不得私自翻动客人的物品，不得向客人索取物品及小费。

（3）一般情况下，不得使用客房内的电话，也不得接听客房内的电话。

（4）与客人交谈时，要“请”字当先，“谢谢”收尾。

（5）工作中出现差错，要主动、诚恳地道歉以求得谅解。

（6）对待客人的投诉应当耐心倾听，然后表示歉意。

（7）当房门上挂有“请勿打扰”牌时，绝对不可以擅自进入房间。

（8）与客人谈话，必须保持一步半的距离。

介绍客房实训任务书

班级：＿＿＿＿＿＿　姓名：＿＿＿＿＿　学号：＿＿＿＿＿　＿＿＿年＿＿月＿＿日

实训项目	介绍客房	实训时间	2课时
实训目的	1. 认识客房部，了解客房部的基础知识。 2. 明确客房服务员的岗位职责。 3. 了解客房服务员的基本素质		
实训方法	学生实地参观，观摩访谈，并且绘制酒店标准间平面图		
课前布置任务	资料查询： 1. 选择当地一家三星级以上的酒店，查阅酒店的相关资料。 2. 了解当地的旅游景点、风俗禁忌、美食特产等相关知识	操作准备： 1. 按实训要求着工装。 2. 化淡妆。 3. 准备笔记本、录音笔、采访提纲以及相机	
实训内容			
1. 介绍客房前的准备工作。（1）个人着装、仪容仪表的准备。（2）心理准备：对于顾客心理学知识的准备。（3）知识准备：了解客情，了解酒店的布局、设施设备等基础知识；了解当地的民俗风情、旅游景点、特色美食等相关知识。（4）准备客房，再次检查客房的卫生以及整体情况。 2. 迎接顾客。按照标准的服务规范迎接顾客，使用礼貌用语。 3. 介绍客房。使用礼貌用语，按照顾客的需求提供个性化的服务，对酒店的特色服务、酒店的布局、客房设施设备的使用以及当地的旅游景点、风俗禁忌、特色美食等按顾客需求进行简单介绍。 4. 与顾客道别。使用礼貌服务用语，向顾客道别，轻关房门，退出房间			
要点提示	1. 服务前的准备工作要尽可能细致。 2. 迎接顾客要面带微笑，诚心诚意为顾客服务。 3. 介绍客房要按顾客需求，提供个性化的服务，还要向顾客适当介绍酒店其他服务项目。 4. 为顾客服务，要尊重顾客，不能使顾客尴尬。 5. 道别顾客，要使用礼貌用语。 6. 与客人交谈，要保持相应的社交礼节，不卑不亢，对顾客一视同仁		

介绍客房能力测试

班级：________________ 姓名：__________ 学号：__________ ______年____月____日

序号	评价内容	操作内容	配分	得分
1	仪表	（1）表情：精神、自然。 （2）头发、指甲符合要求。 （3）淡妆、不戴首饰、不留胡子。 （4）工作服整洁。 （5）面带笑容	20	
2	站姿	（1）身体重心在两前脚掌。 （2）身体要端正，挺胸、收腹面带微笑。 （3）两眼平视前方，手臂姿势正确。 （4）手脚不可随便摆动。 （5）女服务员站立时，双腿和膝盖并拢，脚尖呈现“V”字形；男服务员站立时，双手背身后，双脚同肩宽	15	
3	坐姿	（1）入座时，要保持身体平衡，先出右脚，左脚要紧跟。坐下的时候要轻，让客人感觉很优雅。 （2）坐下时，只需要坐满椅子的1/2～2/3。 （3）坐下后身体要挺直，挺胸抬头，目光平视，不可跷脚乱动。 （4）身体正对着前方或者顾客，双手自然放在扶手或者腿上。 （5）女服务员双腿并拢，男服务员的腿间可保持一拳头的宽度	15	
4	行姿	（1）行走时挺胸、收腹、抬头，身体重心落于两脚掌。 （2）手臂自然下垂，膝盖伸直，面带微笑。 （3）步幅不能过大，男服务员的步幅在40厘米左右，女服务员的步幅在30厘米左右	15	
5	介绍房间	（1）用礼貌用语为客人介绍房间。 （2）服务时一直保持微笑。 （3）退出房间时有祝福语	20	
6	整体印象	微笑服务、服务态度良好、语言优美等	15	
合计			100	
总评：				

-学生自评表

班级：______________ 姓名：__________ 学号：__________ ______年____月____日

评价项目及标准		配分	得分
操作技能	熟悉服务流程，能够不断优化自己的技能技巧	10	
	动手能力强，善于理论联系实际和灵活应用	10	
	熟练掌握各项操作技能，基本功扎实	10	
	熟悉质量分析，能够结合实际提高自己的综合实践能力	10	
	掌握介绍客房的基本方法	10	
	分析任务的能力强，具备相关专业理论知识	10	
	了解客房服务常用设备的种类和用途，掌握常用设备的结构，了解常用设备的维护保养	10	
实习过程	1. 操作熟练情况。 2. 实习的出勤情况。 3. 每天的练习完成质量。 4. 每天考核的操作技能。 5. 每天对实习岗位卫生清洁、工具的整理保管及实习场所卫生清扫情况	20	
情感态度	1. 与教师的互动。 2. 良好的劳动习惯。 3. 与组员的交流、合作。 4. 实践动手操作的兴趣、态度	10	
合计		100	
简要评述			

注：总得分≥90为优秀，80≤总得分<90为良好，60≤总得分<80为一般，总得分<60为有待提高。

小组互评表

被评人姓名：________ 学号：__________ ____年____月____日 评价人：________

评价项目及标准		配分	得分
操作技能	熟悉服务流程，能够不断优化自己的技能技巧	10	
	动手能力强，善于理论联系实际和灵活应用	10	
	熟练掌握各项操作技能，基本功扎实	10	
	熟悉质量分析，能够结合实际提高自己的综合实践能力	10	
	掌握介绍客房的基本方法	10	
	分析任务的能力强，具备相关专业理论知识	10	
	了解客房服务常用设备的种类和用途，掌握常用设备的结构，了解常用设备的维护保养	10	
实习过程	1. 安全操作情况。 2. 实习的出勤情况。 3. 每天的练习完成质量。 4. 每天考核的操作技能。 5. 每天对实习岗位卫生清洁、工具的整理保管及实习场所卫生清扫情况	20	
情感态度	1. 与教师的互动。 2. 良好的劳动习惯。 3. 与组员的交流、合作。 4. 实践动手操作的兴趣、态度	10	
合计		100	
简要评述			

注：总得分≥90为优秀，80≤总得分<90为良好，60≤总得分<80为一般，总得分<60为有待提高。

随堂练习

（1）请你记录参观流程以及参观中的所见所闻。

① ________________→② ________________→③ ________________→

④ ________________→⑤ ________________

（2）参观完酒店后，请你将下列内容补充完整。

客房部组织结构

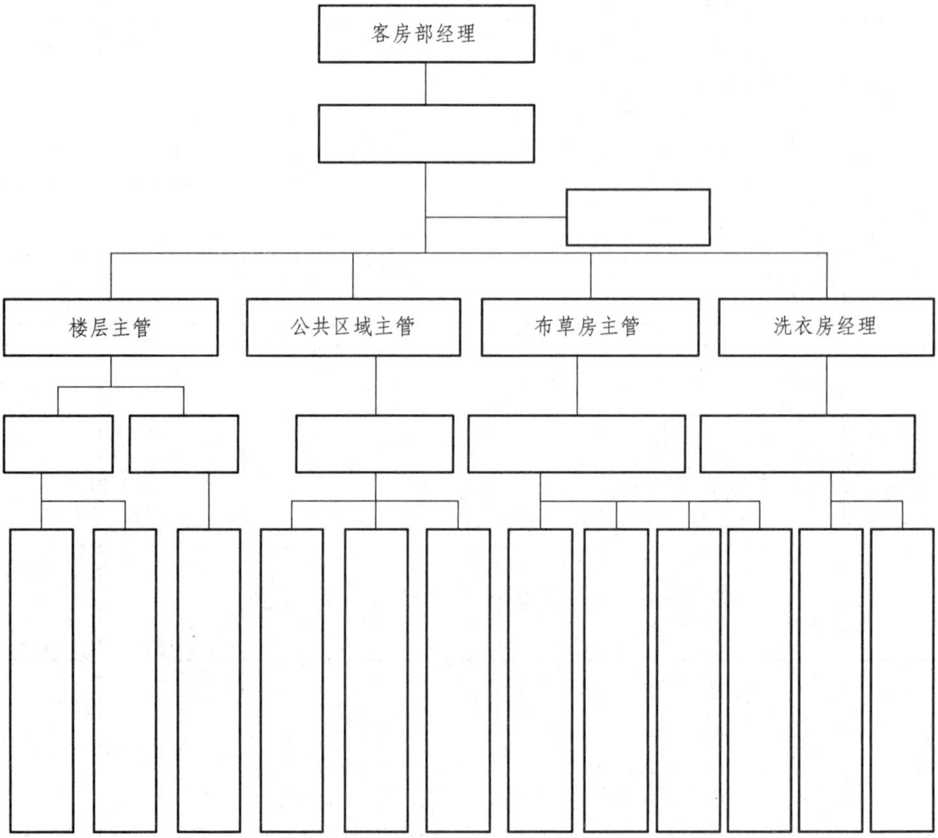

（3）请你画一张酒店标准间的平面图。

（4）讨论交流。

你是怎样画酒店标准间平面图的？能跟大家分享一下你的经验吗？

你的宝贵经验：______________________________

____

____

____

____

____

2

模块二

VIP 客人抵店接待服务

项目一　VIP 客人抵店接待服务

实训目的

（1）了解 VIP 客人情况。
（2）掌握 VIP 客人的接待服务流程。
（3）掌握布置房间的方式方法。
（4）掌握迎送 VIP 客人的程序。

实训方法

制定 VIP 客人接待服务方案，能够有针对性地为 VIP 客人解决问题。按照方案实施接待计划，设计模拟场景，老师先示范，学生再进行实际操作，最后老师进行指导，学生之间相互点评。

实训时间

4 课时

实训内容

1. 基础知识

VIP 客人接待服务流程；VIP 客人迎送服务知识。

2. 准备工作

了解 VIP 客人客情，对 VIP 客房进行布置和检查。

3. 服务技能

1）客房布置

（1）挑选房间。
挑选设备物品、楼层、位置较佳的房间作为 VIP 客人的预留房间。
（2）清扫并检查客房。
安排专人清扫房间，并且进行地毯清洁、家具上蜡、擦拭家具、检查设备等工作。
（3）放置鲜花、果盘和洗手盅。
客房内摆上鲜花，酒店赠送的纪念品或者工艺品，摆放好水果、糕点以及水果刀叉、洗手盅等物品。

（4）放置酒具。

在吧台上摆放茶叶包、红酒、酒杯以及开瓶器。

（5）开启背景音乐和灯光。

背景音乐应当是高雅、舒缓的，不宜让顾客产生烦躁情绪。灯光应当柔和、温暖，不宜过强。

（6）放置欢迎卡。

摆放好总经理欢迎信以及名片、报纸。

（7）布置卫生间。

将卫生间的洗漱用具、三巾摆放整齐，再仔细地检查一下浴缸、洗面台、马桶、地面及角落是否有杂物、头发等，将卫生间的镜面、浴室门、墙面都检查一遍。

（8）环视检查。

环视客房以及卫生间是否有不合理的摆放，是否有遗漏之处。

（9）晚间布置。

晚间开夜床的时间为 18：00—20：00，在开夜床时为客人赠送一份精致夜宵，开夜床时在床前侧垫放地巾，地巾上面摆放拖鞋，在翻起的被角处放置花、工艺品和晚安卡。

2）客房检查

布置好的房间由领班、主管、经理以及大堂副经理逐级检查，发现问题，及时整改。

3）迎送 VIP 客人

（1）了解客情。

为了更好地准备接待服务工作，需要详细了解客人的 VIP 级别、所需的房间数量，以及客人的姓名、性别、人数、抵离店时间、喜好、忌讳、宗教信仰、生活习惯和有无特殊要求等。

（2）迎客准备工作。

① 清洁房间。

② 准备物品。

③ 布置房间。

④ 检查客房。

⑤ 迎宾准备。

（3）接待服务工作。

客人抵店前，按照客人的级别进行相应的接待服务。

（4）迎接客人。

① 梯口迎宾。根据 VIP 客人等级，由部门经理或者主管、领班以及接待人员站在电梯口迎接客人。

② 引领 VIP 客人入房。由行李员将 VIP 客人引领进房，楼层服务员需要做好准备工作，协助行李员进行迎接服务。

③ 送迎宾茶。VIP 客人入住 3 分钟之后，敲门表示身份，得到客人的允许后进入房间，客房服务员应当根据人数送上迎宾茶。

④ 介绍情况。向 VIP 客人简单介绍酒店的服务项目、房内部分设备的使用方法。

⑤ 征求 VIP 客人的意见。询问 VIP 客人是否还需要其他的帮助，如果没有则退出房间。

⑥ 退出房间。向 VIP 客人道别并祝 VIP 客人住店愉快，轻关房门，退出房间。

4. 要点提示

（1）针对不同级别的客人，酒店提供的服务规格是不尽相同的。

（2）根据接待任务的不同，制定的服务规格要灵活，根据具体情况而定。

（3）VIP 客人的接待服务，应当预先制定接待方案。

（4）针对酒店的重要客人要做好客史档案，为下一次接待服务积累经验。

（5）VIP 客人的入住登记要做好保密、安全工作。

（6）随时掌握 VIP 客人客房的状态，以便做出相应的调整。

（7）为 VIP 客人提供具体服务的工作人员要尽快熟记客人姓名、称呼。

VIP 客人抵店接待服务实训任务书

班级：______________ 姓名：__________ 学号：__________ ______年____月____日

<table>
<tr><td>实训项目</td><td>VIP 客人抵店接待服务</td><td>实训时间</td><td>4 课时</td></tr>
<tr><td>实训目的</td><td colspan="3">1. 了解 VIP 客人情况。
2. 掌握 VIP 客人的接待服务流程。
3. 掌握布置房间的方式方法。
4. 掌握迎送 VIP 客人的程序</td></tr>
<tr><td>实训方法</td><td colspan="3">制定 VIP 客人接待服务方案，能够有针对性地为 VIP 客人解决问题，按照方案实施接待计划，设计模拟场景，老师先示范，学生再进行实际操作，最后老师进行指导，学生之间相互点评</td></tr>
<tr><td>课前布置任务</td><td>资料查询：
1. 了解客人情况，包括姓名、国籍、爱好、人数、抵离店日期等。
2. 客源地的风俗禁忌等相关知识。
3. 客房布置的相关知识。
4. 顾客心理学相关知识。
5. 制定接待计划</td><td colspan="2">操作准备：
1. 按实训要求着工装。
2. 化淡妆。
3. 准备客房布置所需物品。
4. 准备迎接顾客所需物品</td></tr>
<tr><td colspan="4">实训内容</td></tr>
<tr><td colspan="4">1. 客人抵店前的准备工作，包括了解客情、个人准备、客房布置、迎接物品准备。
2. 客房布置。按照接待等级、酒店规定以及顾客需求等布置房间。
3. 检查客房整体情况是否有不合理之处。
4. 迎接顾客。梯口迎宾→引领客人入房→迎接服务→送迎宾茶→介绍情况→征求客人的意见→退出房间</td></tr>
<tr><td>要点提示</td><td colspan="3">1. 不同级别的顾客，酒店提供的服务规格不尽相同。
2. 接待计划要有针对性、个性化。
3. 做好客史档案，为下一次接待服务积累经验。
4. 为顾客做好保密、安全工作。
5. 随时掌握顾客动态，适时做出相应调整。
6. 尽快熟记客人姓名、称呼</td></tr>
</table>

VIP客人抵店接待服务能力测试

班级：______________ 姓名：__________ 学号：__________ ______年____月____日

序号	评价内容	操作内容	配分	得分
1	抵达前的准备工作	以3～4人为一小组，事先在教师指导中做好接待用品的准备，如插花、模拟总经理的欢迎信、水果篮或水果盘等。 （1）根据VIP客人通知单了解VIP接待等级。 （2）根据VIP客人通知单确认房号，抵达时间、人数，是否有特殊要求等。 （3）准备总经理欢迎信（由每个小组事先模拟制作）。 （4）准备茶杯、香巾、水果（若干品种）、名片等	20	
2	布置房间	（1）由实训者按照VIP客人接待等级的要求在5分钟内进行客房布置和调整。 （2）按要求摆放鲜花、水果、名片、欢迎信	20	
3	检查客房	检查房间布置是否到位，设备及卫生情况是否完好。 由本组其他实训者模拟领班，在10分钟内完成检查，并记录检查结果	10	
4	抵店迎接	（1）规范站立进行梯口迎接等候。 （2）主动问候、热情接待，并引领VIP客人进入房间。 （3）为VIP客人提供端茶送巾服务。 （4）介绍房间设施与服务，并告知VIP客人服务中心电话。 （5）向VIP客人致意，面向客人微笑退出房间。 由本组实训者分别扮演客人和服务人员进行情景模拟，注意尽可能在真实环境中完成	30	
5	整体印象	语言、礼节、礼貌、服务态度、微笑服务等	20	
合计			100	
总评：				

学生自评表

班级:______________ 姓名:__________ 学号:__________ ______年____月____日

评价项目及标准		配分	得分
操作技能	熟悉服务流程，能够不断优化自己的技能技巧	10	
	动手能力强，善于理论联系实际和灵活应用	10	
	熟练掌握各项操作技能，基本功扎实	10	
	熟悉质量分析，能够结合实际提高自己的综合实践能力	10	
	掌握 VIP 客人抵店接待服务的基本方法	10	
	分析任务的能力强，具备相关专业理论知识	10	
	了解客房服务常用设备的种类和用途，掌握常用设备的结构，了解常用设备的维护保养	10	
实习过程	1. 操作熟练情况。 2. 实习的出勤情况。 3. 每天的练习完成质量。 4. 每天考核的操作技能。 5. 每天对实习岗位卫生清洁、工具的整理保管及实习场所卫生清扫情况	20	
情感态度	1. 与教师的互动。 2. 良好的劳动习惯。 3. 与组员的交流、合作。 4. 实践动手操作的兴趣、态度	10	
合计		100	
简要评述			

注：总得分≥90 为优秀，80≤总得分<90 为良好，60≤总得分<80 为一般，总得分<60 为有待提高。

小组互评表

被评人姓名：________ 学号：__________ ____年____月____日 评价人：________

评价项目及标准		配分	得分
操作技能	熟悉服务流程，能够不断优化自己的技能技巧	10	
	动手能力强，善于理论联系实际和灵活应用	10	
	熟练掌握各项操作技能，基本功扎实	10	
	熟悉质量分析，能够结合实际提高自己的综合实践能力	10	
	掌握 VIP 客人抵店接待服务的基本方法	10	
	分析任务的能力强，具备相关专业理论知识	10	
	了解客房服务常用设备的种类和用途，掌握常用设备的结构，了解常用设备的维护保养	10	
实习过程	1. 安全操作情况。 2. 实习的出勤情况。 3. 每天的练习完成质量。 4. 每天考核的操作技能。 5. 每天对实习岗位卫生清洁、工具的整理保管及实习场所卫生清扫情况	20	
情感态度	1. 与教师的互动。 2. 良好的劳动习惯。 3. 与组员的交流、合作。 4. 实践动手操作的兴趣、态度	10	
合计		100	
简要评述			

注：总得分≥90 为优秀，80≤总得分<90 为良好，60≤总得分<80 为一般，总得分<60 为有待提高。

随堂练习

（1）根据以下信息，制定 VIP 客人接待服务方案。

从英国来的贵宾约翰先生将于明天下午 5 点乘 1222 航班抵达哈密，入住你工作的酒店，根据以上信息，请客房部准备接待。

（2）请将下列流程补充完整。

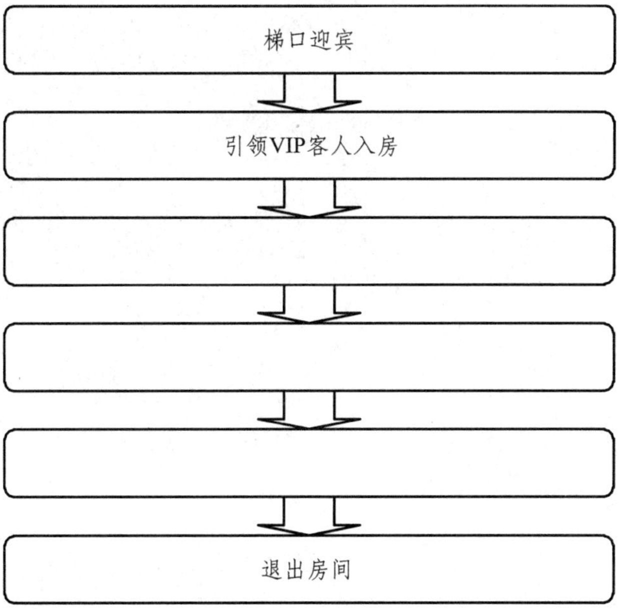

（3）情景模拟。

模拟客人及大堂经理、主管、领班、接待服务员的角色。

你扮演的是哪个角色？你觉得这个服务人员的工作应该注意什么问题？

3

模块三

客人住店期间服务

项目一　小酒吧服务

实训目的

（1）掌握小酒吧服务流程、小酒吧物品的领取以及补充方法。
（2）熟悉酒水、食品摆放的品种、数量以及标准。
（3）能够进行小酒吧日常清点、酒水核对等工作。

实训方法

设计模拟场景，老师布置任务，学生先按照任务书设计方案，再进行实际操作，最后老师进行指导，学生之间相互点评。

实训时间

2 课时

实训内容

1. 基础知识

小酒吧服务程序；酒水基础知识；小酒吧服务注意事项。

2. 准备工作

（1）按照三星级酒店的标准，准备小酒吧的酒水和相应的零食。
（2）熟记各种酒水、零食的价钱。
（3）准备好酒水账单。

3. 服务技能

1）小酒吧服务流程

按规定的品种定额配置酒水→每天定时清点酒水数量→检查后，将客人的耗用量填写在核查账单上→按规定的品种和数量补齐酒水→撤换客人用过的杯子和其他用品，放上新的客房小酒吧账单→服务员凭酒水单向服务中心报告酒水消费情况→服务中心准确记录消费情况并输入电脑

2）小酒吧账单实例

小酒吧账单

房号（Room No.）：______ 日期（Date）：______

品类	点存	耗量	单价/元	小计/元
人头马	1		40	
人头马特级	1	2	45	90
君度	1		44	
威雀苏格兰威士忌	1		45	
健尼路金酒	1		40	
芬兰伏特加	1		35	
占边美国威士忌	1		36	
加利亚诺利乔酒	1		30	
青岛啤酒	2		8	
可口可乐	2		8	
矿泉水	2	6	6	36
粒粒橙	2	1	8	8
椰子汁	2		8	
果茶	2		6	
健力宝	2		8	
八宝粥	2	1	8	8
合计				142
10%服务费				14.2
总计				156.2

4. 要点提示

（1）小酒吧的食品、酒水要按规定进行配备，补充食品、酒水入房时应检查保质期，防止摆放过期的食品、酒水。

（2）清点小酒吧的食品、酒水时，要仔细、认真地逐一核对。

（3）因特殊情况不能及时补充食品、酒水时，要与下一班的服务员做好交接。

（4）在客人离店结账时，服务员应迅速进入房间检查食品、酒水消耗情况，如有被食用的食品、酒水应及时通知收银处。

小酒吧服务实训任务书

班级：________ 姓名：________ 学号：________ ____年____月____日

实训项目	小酒吧服务	实训时间	2 课时
实训目的	1. 掌握小酒吧服务流程、小酒吧物品的领取以及补充方法。 2. 熟悉酒水、食品摆放的品种、数量以及标准。 3. 能够进行小酒吧日常清点、酒水核对等工作		
实训方法	设计模拟场景，老师布置任务，学生先按照任务书设计方案，再进行实际操作，最后老师进行指导。学生之间相互点评		
课前布置任务	资料查询： 1. 了解客人偏好，酒水基础知识，酒水、零食的价格，等等。 2. 了解当地旅游纪念品、特产等	操作准备： 1. 按实训要求着工装。 2. 化淡妆。 3. 准备客房布置所需物品	
实训内容			
1. 按规定的品种定额配置酒水。 2. 每天定时清点酒水数量。 3. 检查后，将客人的耗用量填写在核查账单上。 4. 按规定的品种和数量补齐酒水。 5. 撤换客人用过的杯子和其他用品，放上新的客房小酒吧账单。 6. 服务员凭酒水单向服务中心报告酒水消费情况。 7. 服务中心准确记录消费情况并输入电脑			
要点提示	1. 小酒吧的食品、酒水要按规定进行配备，补充食品、酒水入房时应检查保质期，防止摆放过期的食品、酒水。 2. 清点小酒吧的食品、酒水时，要仔细、认真地逐一核对。 3. 因特殊情况不能及时补充食品、酒水时，要与下一班的服务员做好交接。 4. 在客人离店结账时，服务员应迅速进入房间检查食品、酒水消耗情况，如有被食用的应及时通知收银处		

小酒吧服务能力测试

班级：________ 姓名：________ 学号：________ ____年____月____日

序号	评价内容	操作内容	配分	得分
1	摆放食品、酒水	熟知酒水、食品的摆放品种、数量及标准	20	
2	清点核对	熟练进行日常的清点以及酒水单的核对	20	
3	交单记账	核对客人签名，及时将酒水单送往前台记账，客人退房时将房号和金额告知收银员	20	
4	补充食品、酒水	按程序凭酒水单到仓库领取酒水和食品	20	
5	整体印象	对操作流程的熟悉程度以及仪表形象	20	
合计			100	
总评：				

学生自评表

班级：______________　姓名：__________　学号：__________　______年____月____日

评价项目及标准		配分	得分
操作技能	熟悉服务流程，能够不断优化自己的技能技巧	10	
	动手能力强，善于理论联系实际和灵活应用	10	
	熟练掌握各项操作技能，基本功扎实	10	
	熟悉质量分析，能够结合实际提高自己的综合实践能力	10	
	掌握小酒吧服务的基本方法	10	
	分析任务的能力强，具备相关专业理论知识	10	
	了解客房服务常用设备的种类和用途，掌握常用设备的结构，了解常用设备的维护保养	10	
实习过程	1. 操作熟练情况。 2. 实习的出勤情况。 3. 每天的练习完成质量。 4. 每天考核的操作技能。 5. 每天对实习岗位卫生清洁、工具的整理保管及实习场所卫生清扫情况	20	
情感态度	1. 与教师的互动。 2. 良好的劳动习惯。 3. 与组员的交流、合作。 4. 实践动手操作的兴趣、态度	10	
合计		100	
简要评述			

注：总得分≥90 为优秀，80≤总得分<90 为良好，60≤总得分<80 为一般，总得分<60 为有待提高。

小组互评表

被评人姓名：________ 学号：__________ ____年____月____日 评价人：________

评价项目及标准		配分	得分
操作技能	熟悉服务流程，能够不断优化自己的技能技巧	10	
	动手能力强，善于理论联系实际和灵活应用	10	
	熟练掌握各项操作技能，基本功扎实	10	
	熟悉质量分析，能够结合实际提高自己的综合实践能力	10	
	掌握小酒吧服务的基本方法	10	
	分析任务的能力强，具备相关专业理论知识	10	
	了解客房服务常用设备的种类和用途，掌握常用设备的结构，了解常用设备的维护保养	10	
实习过程	1. 安全操作情况。 2. 实习的出勤情况。 3. 每天的练习完成质量。 4. 每天考核的操作技能。 5. 每天对实习岗位卫生清洁、工具的整理保管及实习场所卫生清扫情况	20	
情感态度	1. 与教师的互动。 2. 良好的劳动习惯。 3. 与组员的交流、合作。 4. 实践动手操作的兴趣、态度	10	
合计		100	
简要评述			

注：总得分≥90为优秀，80≤总得分<90为良好，60≤总得分<80为一般，总得分<60为有待提高。

随堂练习

（1）请你补齐客房小酒吧服务流程。

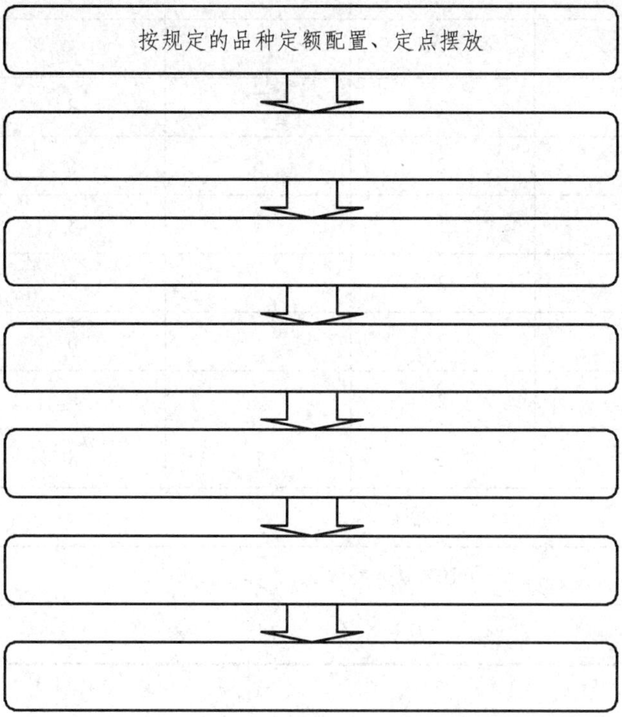

（2）请你帮约翰先生结算一下饮料账单。

小酒吧账单

房号（Room No.）：__________ 日期（Date）：__________

品类	点存	耗量	单价/元	小计/元
人头马	1		40	
人头马特级	1	2	45	
君度	1		44	
威雀苏格兰威士忌	1		45	
健尼路金酒	1		40	
芬兰伏特加	1		35	
占边美国威士忌	1		36	

续表

品类	点存	耗量	单价/元	小计/元
加利亚诺利乔酒	1		30	
青岛啤酒	2		8	
可口可乐	2		8	
矿泉水	2	6	6	
粒粒橙	2	1	8	
椰子汁	2		8	
果茶	2		6	
健力宝	2		8	
八宝粥	2	1	8	
合计				
10%服务费				
总计				

（3）同学们，利用网络等资源，了解一下中国的酒、茶知识吧！

① 中国十大名酒：____

____

____

② 中国十大名茶：____

____

____

项目二　洗衣服务

实训目的

（1）熟练掌握洗衣服务的流程。
（2）熟知洗衣服务的方式和种类。
（3）能正确进行客衣送洗服务。
（4）熟知洗衣服务的注意事项。

实训方法

设计模拟场景，老师布置任务，学生先按照任务书设计方案，再进行实际操作，最后老师进行指导，学生之间相互点评。

实训时间

2 课时

实训内容

1. 基础知识

洗衣服务的流程；洗衣服务的方式、种类；洗衣服务的注意事项。

2. 准备工作

准备洗衣服务单。

3. 服务技能

1）洗衣服务流程

（1）收取客衣。
收取客衣一般有三种方式：
① 客人直接通知客房服务员需要洗衣服务。
② 客人将需要洗的衣物装入洗衣袋内，连同洗衣单一起交给服务员。
③ 客人将需要洗的衣物装入洗衣袋内，放在房间里较为显眼的地方。
（2）认真核对。
在登记衣物之前，要按照客人填写的洗衣单对衣物进行认真分类、清点、核实，做到衣物的名称、件数准确，如果有误差，可以在洗衣单上注明，并向客人讲清楚，征求客人意见。

（3）认真检查。

清点衣物时，要检查衣物是否有破损，纽扣有无松动或脱落，有无污渍、褪色或布质不易洗涤等问题，以免洗后与客人发生不必要的纠纷，尤其是女宾的高级时装更应该注意。

检查衣物口袋内是否有钱和物，应特别检查外衣的内口袋，检查出来的钱和物品要及时送交客人。

如果检查出问题，一定要与客人当面核对，如果客人不在，重要的问题那就等客人回到房间，征求客人的意见之后再送交洗衣房，如果是一般问题，那就注明在洗衣单上，等客人回来后再向客人说明情况。

（4）认真登记。

准确填写房号、件数、客人的要求等。

（5）认真做好客衣分送。

衣物洗好之后，要及时送交至客人房间。在分送衣物时，一定要看清、认准房号，每送完一次衣物，要及时做好底单的处理。

（6）认真做好洗衣费的收取工作。

2）洗衣服务单

洗衣单（干洗）

姓名：＿＿＿＿＿＿　房间号：＿＿＿＿＿＿　日期：＿＿＿＿＿＿＿＿

项目	件数	单价/元	小计/元
西装（套）	1	50	
西装上衣		30	
西装背心		10	
西裤		20	
外衣（中）		35	
外衣（短）		20	
大衣		50	
西装裙（中）		30	
西装裙（短）		20	
连衣裙		30	
衬衫		20	

续表

项目	件数	单价/元	小计/元
羊毛衫		30	
羊毛衫（背心）		20	
晚礼服		30	
合计			

折叠□　　挂起□　　上浆□　　快洗□　　特殊要求：______

洗衣单（水洗）

姓名：______　房间号：______　日期：______

项目	件数	单价/元	小计/元
长裤	2	10	
外衣		20	
衬衫		10	
短裤		10	
短裙		10	
连衣裙		20	
内衣		5	
内裤		5	
袜子（长）		5	
袜子（短）		3	
手帕		5	
领带		5	
合计			

折叠□　　挂起□　　上浆□　　快洗□　　特殊要求：______

3）衣物洗涤知识

织物洗涤熨烫标志

	可以漂洗		小心干洗
	平铺阴干		中温熨烫
	平摊干燥		悬挂晾干
	普通干洗		阴干
	普通水洗40℃以下		阴凉处晾干
	水温不得超过40℃		允许机械洗涤
	最高水温50℃常规洗涤		允许拧干
	切勿熨烫		需垫布熨烫
	轻柔手洗		熨烫温度不超过110℃
	请将衣物平摊晾干		无需烘干
	日晒		熨烫
	适合所有干洗溶剂洗涤		蒸汽熨烫
	手洗		中温滚筒烘干
	水温小于30℃		无约束洗涤
	水温小于40℃		只能手洗
	水温小于50℃		中温熨烫

4. 要点提示

（1）洗衣服务一般分为普通服务和快洗服务两种，两者费用相差 50%，所以要向客人说明，以免结账时出现争执。

（2）在收取客衣时，要特别注意以下问题：

① 凡是放在床上、沙发上，未经客人吩咐、未放在洗衣袋内的衣物不能收取。

② 如果发现客房内有需要洗的衣物，但客人没有填写洗衣单，则不要收取。

③ 不要将客衣随意乱放，对于需要熨烫的高级时装，应该用衣架挂好。

④ 对于有特殊要求和快洗服务的衣物，要在洗衣单上标注清楚，并且向洗衣房交接清楚。

洗衣服务实训任务书

班级：__________ 姓名：________ 学号：________ _____年____月____日

<table>
<tr><td>实训项目</td><td>洗衣服务</td><td>实训时间</td><td>2 课时</td></tr>
<tr><td>实训目的</td><td colspan="3">1. 熟练掌握洗衣服务的流程。
2. 熟知洗衣服务的方式和种类。
3. 能正确进行客衣送洗服务。
4. 熟知洗衣服务的注意事项</td></tr>
<tr><td>实训方法</td><td colspan="3">设计模拟场景，老师布置任务，学生按照任务书设计方案，之后学生进行实践操作，老师再指导，学生之间相互点评</td></tr>
<tr><td>课前布置任务</td><td>资料查询：
1. 衣物洗涤注意事项。
2. 衣物洗涤方法</td><td colspan="2">操作准备：
1. 按实训要求着工装。
2. 化淡妆。
3. 准备洗衣单、洗衣袋等。
4. 准备衣物、衣服撑子等操作所需物品</td></tr>
<tr><td colspan="4">实训内容</td></tr>
<tr><td colspan="4">1. 收取客衣。
2. 认真核对。认真核对衣物的名称、件数准确，如果有误差，可以在洗衣单上注明，并向客人讲清楚，征求客人意见。
3. 认真检查。检查衣物是否有破损，纽扣有无松动或脱落，有无污渍、褪色或布质不易洗涤等问题；检查客衣口袋内是否有钱和物，检查出来的钱和物品要及时送交客人。
4. 认真登记。准确填写房号、件数、客人的要求等。
5. 认真做好客衣分送。客衣洗好之后，要及时送交至客人房间。在分送客衣时，一定要看清、认准房号，每送完一次客衣，要及时做好底单的处理。
6. 认真做好洗衣费的回收工作</td></tr>
<tr><td>要点提示</td><td colspan="3">1. 洗衣服务一般分为普通服务和快洗服务两种，两者费用相差 50%，所以要向客人说明，以免结账时出现争执。
2. 在收取客衣时，要特别注意以下问题：
（1）凡是放在床上、沙发上，未经客人吩咐、未放在洗衣袋内的衣物不能收取。
（2）如果发现客房内有需要洗的衣物，但客人没有填写洗衣单，则不要收取。
（3）不要将客衣随意乱放，对于需要熨烫的高级时装，应该用衣架挂好。
（4）对于有特殊要求的和快洗服务的衣物，一定要在洗衣单上标注清楚，并且要向洗衣房交接清楚</td></tr>
</table>

洗衣服务能力测试

班级：______ 姓名：______ 学号：______ ____年____月____日

序号	评价内容	操作内容	配分	得分
1	收取客衣	（1）能及时上门收取客衣。 （2）在收取客衣时能仔细检查衣服情况，避免疏漏。 （3）用礼貌、规范的语言向客人说明衣物破损、污渍等问题。 （4）能正确核对洗衣单并纠正错误	40	
2	送洗客衣	客衣送洗时能正确与洗衣房收发员进行交接	20	
3	送还客衣	（1）按照送还程序将衣物送交客人。 （2）及时核算金额，避免漏账	20	
4	综合印象	对操作流程的熟悉程度以及仪表形象	20	
合计			100	
总评：				

学生自评表

班级：______ 姓名：______ 学号：______ ____年____月____日

评价项目及标准		配分	得分
操作技能	熟悉服务流程，能够不断优化自己的技能技巧	10	
	动手能力强，善于理论联系实际和灵活应用	10	
	熟练掌握各项操作技能，基本功扎实	10	
	熟悉质量分析，能够结合实际提高自己的综合实践能力	10	
	掌握洗衣服务的基本方法	10	
	分析任务书的能力强，具备相关专业理论知识	10	
	了解客房服务常用设备的种类和用途，掌握常用设备的结构，了解常用设备的维护保养	10	
实习过程	1. 操作熟练情况。 2. 平时实习的出勤情况。 3. 每天的练习完成质量。 4. 每天考核的操作技能。 5. 每天对实习岗位卫生清洁、工具的整理保管及实习场所卫生清扫情况	20	
情感态度	1. 与教师的互动。 2. 良好的劳动习惯。 3. 与组员的交流、合作。 4. 实践动手操作的兴趣、态度	10	
合计		100	
简要评述			

注：总得分≥90为优秀，80≤总得分<90为良好，60≤总得分<80为一般，总得分<60为有待提高。

小组互评表

被评人姓名：________ 学号：__________ ____年____月____日 评价人：________

评价项目及标准		配分	得分
操作技能	熟悉服务流程，能够不断优化自己的技能技巧	10	
	动手能力强，善于理论联系实际和灵活应用	10	
	熟练掌握各项操作技能，基本功扎实	10	
	熟悉质量分析，能够结合实际提高自己综合实践能力	10	
	掌握洗衣服务的基本方法	10	
	分析任务的能力强，具备相关专业理论知识	10	
	了解客房服务常用设备的种类和用途，掌握常用设备的结构，了解常用设备的维护保养	10	
实习过程	1. 安全操作情况。 2. 实习的出勤情况。 3. 每天的练习完成质量。 4. 每天考核的操作技能。 5. 每天对实习岗位卫生清洁、工具的整理保管及实习场所卫生清扫情况	20	
情感态度	1. 与教师的互动。 2. 良好的劳动习惯。 3. 与组员的交流、合作。 4. 实践动手操作的兴趣、态度	10	
合计		100	
简要评述			

注：总得分≥90为优秀，80≤总得分<90为良好，60≤总得分<80为一般，总得分<60为有待提高。

随堂练习

（1）请你将洗衣程序补充完整。

收取客衣

（2）请你写下洗衣服务注意事项。

提示：
①哪些衣物可以收取？哪些衣物不可以收取？
②洗衣单如何填写？应该注意什么？
③衣物可以收取之后，应该怎么办？

（3）请你帮约翰先生结算一下洗衣账单。

洗衣单（干洗）

姓名：__________ 房间号：__________ 日期：__________

项目	件数	单价/元	小计/元
西装（套）	1	50	
西装上衣		30	
西装背心		10	
西裤		20	
外衣（中）		35	
外衣（短）		20	
大衣		50	
西装裙（中）		30	
西装裙（短）		20	
连衣裙		30	
衬衫		20	
羊毛衫		30	
羊毛衫（背心）		20	
晚礼服		30	
合计			

折叠□ 挂起□ 上浆□ 快洗□ 特殊要求：__________

洗衣单（水洗）

姓名：__________ 房间号：__________ 日期：______________

项目	件数	单价/元	小计/元
长裤	2	10	
外衣		20	
衬衫		10	
短裤		10	
短裙		10	
连衣裙		20	
内衣		5	
内裤		5	
袜子（长）		5	
袜子（短）		3	
手帕		5	
领带		5	
合计			

折叠□ 挂起□ 上浆□ 快洗□ 特殊要求：__________

项目三　访客接待服务

实训目的

（1）掌握访客接待服务程序。
（2）掌握访客接待服务注意事项。
（3）能够按要求登记访客信息。
（4）能够有效处理访客接待服务中的常见问题。

实训方法

设计模拟场景，老师布置任务，学生先按照任务书设计方案，再进行实际操作，最后老师进行指导，学生之间相互点评。

实训时间

2 课时

实训内容

1. 基础知识

访客接待服务程序；访客接待服务注意事项。

2. 准备工作

访客登记单；访客接待服务知识准备；仪容仪表准备。

3. 服务技能

1）访客接待服务程序

问清访客的姓名、单位等基本信息→查看访客有效证件→问清被访客人的房号、姓名、性别、单位→若与住客情况相符，可让访客填写访客登记单→征得被访客人同意→协助住客将访客引到住其房间→给访客送水或送饮料，来访人数较多时，添加椅子→访客离开后，及时撤出加椅、茶具等，收拾好房间

2）访客接待登记程序

（1）询问访客来访事由。

（2）确认访客持有证件为有效证件，并与持有者身份相同。

（3）由客房服务员按访客登记制度和访客登记项目进行登记。

3）访客接待服务中常见问题的处理

（1）遇有住客不愿见访客时，怎么办?

① 礼貌地向访客说明住客需要休息或在办事情，不便接待访客。

② 请访客到大厅问询处，为其提供留言服务。

③ 如果访客不愿离开或有骚扰住客的迹象，应及时通知保安部解决。

（2）如果访客带有住客房间钥匙并要进入客房取物品，怎么办?

① 礼貌地了解访客对住客资料的掌握程度。

② 陪访客办理访客登记手续。

③ 陪同访客到客房取物品。

④ 访客走后，应及时将取走物品做好记录。

⑤ 住客回店后，及时向住客说明。

⑥ 若要取走客人贵重物品，需出示住客的授权书，否则予以婉拒。

（3）如果访客带有住客签名的便条，但无房间钥匙要进入客房取物品，怎么办?

① 将便条拿到总台核对签名。

② 核对无误后，由客房服务员办理访客登记手续。

③ 陪访客到客房取便条上所标明的物品。

④ 住客回店后应立即向其说明。

（4）如果住客外出，交代访客在其房中等候，怎么办?

① 首先向住客了解访客姓名及主要特征。

② 访客到住客楼层，经过辨别确认后，请访客办理登记。

③ 访客到房间后，住客未归，如访客要带物品外出，应及时上前询问，并做好记录。

（5）访客时间已到，但访客仍未离开，怎么办?

① 礼貌地向访客说明访客时间已到，注意语言技巧。

② 如果访客不愿离开，应将此情况及时报告给大堂经理及保安部。

4. 要点提示

（1）访客所说情况与住客资料不符时，要劝其到总台去查询。

（2）访客要查询某位住客的信息时，不要直接将住客的情况转告来访者。

（3）不能让访客私自到客房见住客，以免发生意外。

（4）发现可疑来访者，要问明情况或向保安部报告。

（5）工作中如遇有特殊情况发生，要及时汇报。

访客接待服务实训任务书

班级：________________　姓名：__________　学号：__________　______年____月____日

<table>
<tr><td>实训项目</td><td>访客接待服务</td><td>实训时间</td><td>2 课时</td></tr>
<tr><td>实训目的</td><td colspan="3">1. 掌握访客接待服务程序。
2. 掌握访客接待服务注意事项。
3. 能够按要求登记访客信息。
4. 能够有效处理访客接待服务中的常见问题</td></tr>
<tr><td>实训方法</td><td colspan="3">设计模拟场景，老师布置任务，学生先按照任务书设计方案，再进行实际操作，最后老师进行指导，学生之间相互点评</td></tr>
<tr><td>课前布置任务</td><td>资料查询：
1. 酒店安全基础知识。
2. 酒店访客接待规章制度</td><td colspan="2">操作准备：
1. 按实训要求着工装。
2. 化淡妆。
3. 准备访客登记表、笔等。
4. 准备茶水、饮料、椅子等</td></tr>
<tr><td colspan="4">实训内容</td></tr>
<tr><td colspan="4">1. 问清访客的姓名、单位等基本信息。
2. 查看有效证件。
3. 问清被访客人的房号、姓名、性别、单位。
4. 若与住客情况相符，可让访客填写访客登记单。
5. 征得被访客人同意。
6. 协助住客将访客引到其房间。
7. 给访客送水或送饮料，人数多时，添加椅子。
8. 访客离开后，及时撤出加椅、茶具等，收拾好房间</td></tr>
<tr><td>要点提示</td><td colspan="3">1. 访客所说情况与住客资料不符时，要劝其到总台去查询。
2. 访客要查询某位住客的信息时，不要直接将住客的情况转告来访者。
3. 不能让访客私自到客房见住客，以免发生意外。
4. 发现可疑来访者，要问明情况或向保安部报告。
5. 工作中如遇特殊情况，要及时汇报</td></tr>
</table>

访客接待服务能力测试

班级：__________ 姓名：__________ 学号：__________ ____年____月____日

序号	评价内容	操作内容	配分	得分
1	礼貌地询问访客的信息	语言流畅，有礼有节	10	
2	查看有效证件	查看证件，手势正确，微笑服务	10	
3	问清被访客人信息	被访客人的房号、姓名、性别、职务、单位等	10	
4	填写访客登记单	与住客情况相符，可让来访者填写访客登记单	10	
5	征得被访客人同意	与被访客人联系，要用礼貌用语	10	
6	协助住客将访客引领到他的房间，并端送茶水，添加椅子	礼貌用语，手势姿态符合职业标准，操作符合岗位要求	15	
7	访客离开后的工作	观察访客有无特殊情况，收拾房间，做好记录	15	
8	综合印象	语言流畅，仪容仪表符合要求，服务态度良好	20	
合计			100	
总评：				

学生自评表

班级：__________ 姓名：________ 学号：________ ______年____月____日

评价项目及标准		配分	得分
操作技能	熟悉服务流程，能够不断优化自己的技能技巧	10	
	动手能力强，善于理论联系实际和灵活应用	10	
	熟练掌握各项操作技能，基本功扎实	10	
	熟悉质量分析，能够结合实际提高自己的综合实践能力	10	
	掌握访客接待服务的基本方法	10	
	分析任务的能力强，懂得相关专业理论知识	10	
	了解客房服务常用设备的种类和用途，掌握常用设备的结构，了解常用设备的维护保养	10	
实习过程	1. 操作熟练情况。 2. 实习的出勤情况。 3. 每天的练习完成质量。 4. 每天考核的操作技能。 5. 每天对实习岗位卫生清洁、工具的整理保管及实习场所卫生清扫情况	20	
情感态度	1. 与教师的互动。 2. 良好的劳动习惯。 3. 与组员的交流、合作。 4. 实践动手操作的兴趣、态度	10	
合计		100	
简要评述			

注：总得分≥90为优秀，80≤总得分<90为良好，60≤总得分<80为一般，总得分<60为有待提高。

小组互评表

被评人姓名：________　学号：__________　____年____月____日　评价人：________

评价项目及标准		配分	得分
操作技能	熟悉服务流程，能够不断优化自己的技能技巧	10	
	动手能力强，善于理论联系实际和灵活应用	10	
	熟练掌握各项操作技能，基本功扎实	10	
	熟悉质量分析，能够结合实际提高自己的综合实践能力	10	
	掌握访客接待服务的基本方法	10	
	分析任务的能力强，具备相关专业理论知识	10	
	了解客房服务常用设备的种类和用途，掌握常用设备的结构，了解常用设备的维护保养	10	
实习过程	1. 安全操作情况。 2. 实习的出勤情况。 3. 每天的练习完成质量。 4. 每天考核的操作技能。 5. 每天对实习岗位卫生清洁、工具的整理保管及实习场所卫生清扫情况	20	
情感态度	1. 与教师的互动。 2. 良好的劳动习惯。 3. 与组员的交流、合作。 4. 实践动手操作的兴趣、态度	10	
合计		100	
简要评述			

注：总得分≥90为优秀，80≤总得分<90为良好，60≤总得分<80为一般，总得分<60为有待提高。

随堂练习

（1）请你写下访客接待服务程序。

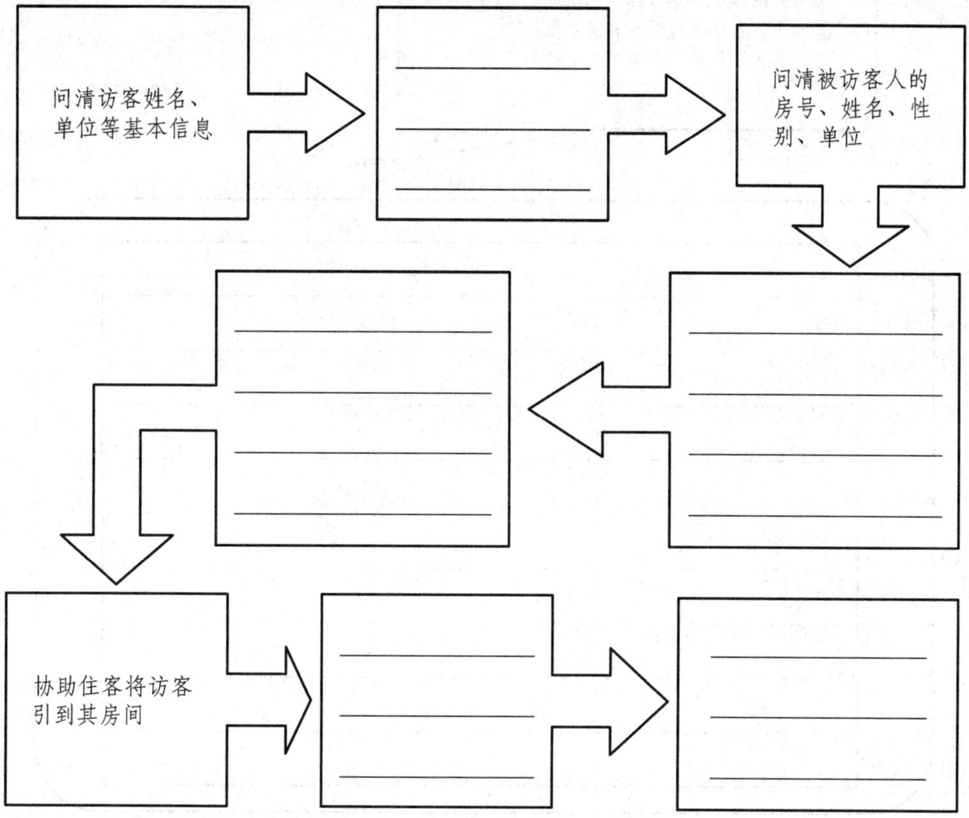

（2）请你写下访客接待服务注意事项。

提示：
①遇有住客不愿见访客时怎么办？
②如果访客带钥匙进入客房怎么办？
③访客时间已到，访客仍未离开怎么办？

（3）如果你是客房服务员，有客人来访约翰先生，你怎么进行登记？

①询问（　　　　　　　　　　）。

②确认（　　　　　　　　　　　　　　　　　　　　　　）。

③按访客登记制度和（　　　　　　　　　　）进行登记。

项目四 物品租用服务

实训目的

（1）熟悉饭店常备及客人经常租借物品的种类。

（2）掌握物品租借服务程序。

（3）明确物品租借服务注意事项。

（4）能灵活处理物品租借服务常见问题。

实训方法

设计模拟场景，老师布置任务，学生先按照任务书设计方案，再进行实际操作，最后老师进行指导，学生之间相互点评。

实训时间

2 课时

实训内容

1. 基础知识

物品租借服务程序；物品租借注意事项；物品租借日常管理制度。

2. 准备工作

准备一些客人经常会借用的物品；熟悉饭店的物品租借管理规定。

3. 服务技能

1）物品租借服务程序

接受物品租借要求→递送物品（不能提供的物品，向客人说明情况）→签字、登记→归还物品（遗失损坏赔偿登记）

物品租借单

编号：　　　　　　　　　　　　　　　　　　　　　　　　　　　　年　　月　　日

姓名				房间号	
签字					
借用物品				数量	
借用日期		当值服务员		发放人	
归还日期		当值服务员		接收人	

注：本物品免费使用，如有损坏，客人需照价赔偿，谢谢合作！

客用租借物品登记表

日期	房号	用品及序号	经办人	租借时间	归还人	归还时间	接收人

2）物品租借管理

（1）做好物品租借的日常管理。

饭店准备的日常租借物品要有明确的记录，并且进行清点。新采购的用于租借的物品应及时加入清单。

（2）制定饭店物品租借管理制度。

任何物品的租借都要有登记，并要每日跟踪，直到取回物品。如果物品紧缺，客人租借需求较多时，客房服务员在借出物品若干小时后要主动取回。

3）物品租借注意事项

（1）客人因特殊需求借用客房没有配备的物品，应由客房服务中心统一递送。

（2）客人租借电器用品时，要提醒其注意使用安全。

（3）如果过了租用时间，借用物品还未被归还，客房服务员可以主动询问，借用物品收回后要做好记录。

4. 要点提示

（1）贵重物品的租借，按规定收取一定数额的押金。

（2）早晚服务员在交接班时，将物品租借情况及手续移交下一班次。

（3）租借物品收回时，要检查是否有损坏，并及时做好清洁工作，以便下次使用。

物品租借服务实训任务书

班级：＿＿＿＿＿＿ 姓名：＿＿＿＿＿＿ 学号：＿＿＿＿ ＿＿＿年＿＿月＿＿日

<table>
<tr><td>实训项目</td><td>物品租借服务</td><td>实训时间</td><td>2 课时</td></tr>
<tr><td>实训目的</td><td colspan="3">1. 熟悉饭店常备及客人经常租借物品的种类。
2. 掌握物品租借服务程序。
3. 明确物品租借服务注意事项。
4. 能灵活处理物品租借服务常见问题</td></tr>
<tr><td>实训方法</td><td colspan="3">设计模拟场景，老师布置任务，学生先按照任务书设计方案，再进行实际操作，老师进行指导，学生之间相互点评</td></tr>
<tr><td>课前布置任务</td><td>资料查询：
1. 酒店租借物品使用说明。
2. 酒店租借物品保养说明。
3. 酒店租借物品规章制度</td><td colspan="2">操作准备：
1. 按实训要求着工装。
2. 化淡妆。
3. 准备物品租用登记表、笔等。
4. 准备电吹风、熨斗、充电宝、水果刀、雨伞、毛毯等</td></tr>
<tr><td colspan="4">实训内容</td></tr>
<tr><td colspan="4">1. 接受物品租借要求。
2. 递送物品（不能提供的物品，向客人说明情况）。
3. 签字、登记。
4. 归还物品（遗失损坏赔偿登记）</td></tr>
<tr><td>要点提示</td><td colspan="3">1. 贵重物品的租借，按规定收取一定数额的押金。
2. 早晚服务员在交接班时，将物品租借情况及手续移交下一班次。
3. 租借物品收回时，要检查是否有损坏，并及时做好清洁工作，以便下次使用</td></tr>
</table>

物品租借服务能力测试

班级：＿＿＿＿＿＿＿ 姓名：＿＿＿＿＿ 学号：＿＿＿＿＿ ＿＿＿年＿＿月＿＿日

<table>
<tr><td>序号</td><td>评价内容</td><td>操作内容</td><td>配分</td><td>得分</td></tr>
<tr><td>1</td><td>接受租借要求</td><td>了解客人的租借需求，填写物品租借单</td><td>30</td><td></td></tr>
<tr><td>2</td><td>递送物品</td><td>及时将客人需要租借的物品送至客人房间，请客人填写物品租借单，并且提醒客人物品使用方法</td><td>40</td><td></td></tr>
<tr><td>3</td><td>收回租借物品</td><td>收回物品，确认检查物品，做好物品归还记录</td><td>30</td><td></td></tr>
<tr><td colspan="3">合计</td><td>100</td><td></td></tr>
<tr><td colspan="5">总评：</td></tr>
</table>

学生自评表

班级：______________ 姓名：__________ 学号：__________ ______年____月____日

评价项目及标准		配分	得分
操作技能	熟悉服务流程，能够不断优化自己的技能技巧	10	
	动手能力强，善于理论联系实际和灵活应用	10	
	熟练掌握各项操作技能，基本功扎实	10	
	熟悉质量分析，能够结合实际提高自己的综合实践能力	10	
	掌握物品租借服务的基本方法	10	
	分析任务书能力强，具备相关专业理论知识	10	
	了解客房服务常用设备的种类和用途，掌握常用设备的结构，了解常用设备的维护保养	10	
实习过程	1. 操作熟练情况。 2. 实习的出勤情况。 3. 每天的练习完成质量。 4. 每天考核的操作技能。 5. 每天对实习岗位卫生清洁、工具的整理保管及实习场所卫生清扫情况	20	
情感态度	1. 与教师的互动。 2. 良好的劳动习惯。 3. 与组员的交流、合作。 4. 实践动手操作的兴趣、态度	10	
合计		100	
简要评述			

注：总得分≥90为优秀，80≤总得分<90为良好，60≤总得分<80为一般，总得分<60为有待提高。

小组互评表

被评人姓名：________ 学号：__________ ____年____月____日 评价人：________

评价项目及标准		配分	得分
操作技能	熟悉服务流程，能够不断优化自己的技能技巧	10	
	动手能力强，善于理论联系实际和灵活应用	10	
	熟练掌握各项操作技能，基本功扎实	10	
	熟悉质量分析，能够结合实际提高自己的综合实践能力	10	
	掌握物品租借服务的基本方法	10	
	分析任务的能力强，具备相关专业理论知识	10	
	了解客房服务常用设备的种类和用途，掌握常用设备的结构，了解常用设备的维护保养	10	
实习过程	1. 安全操作情况。 2. 实习的出勤情况。 3. 每天的练习完成质量。 4. 每天考核的操作技能。 5. 每天对实习岗位卫生清洁、工具的整理保管及实习场所卫生清扫情况	20	
情感态度	1. 与教师的互动。 2. 良好的劳动习惯。 3. 与组员的交流、合作。 4. 实践动手操作的兴趣、态度	10	
合计		100	
简要评述			

注：总得分≥90 为优秀，80≤总得分<90 为良好，60≤总得分<80 为一般，总得分<60 为有待提高。

随堂练习

（1）请你写下物品租借服务程序。

接受物品租借要求

↓

↓

↓

（2）请从下列物品中选出酒店可以为顾客提供的租借物品。

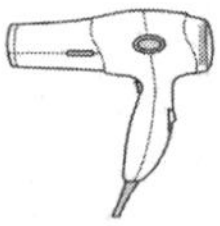
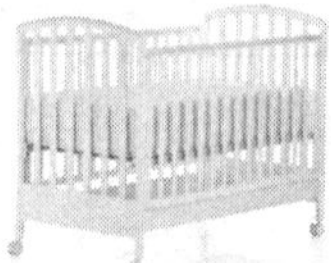

（3）假如你是某酒店的客房服务员，2011 客房的客人想借一个电吹风，你怎么办?

物品租借单

编号： 年 月 日

姓名				房间号	
签字					
借用物品				数量	
借用日期		当值服务员		发放人	
归还日期		当值服务员		接收人	

注：本物品免费使用，如有损坏，客人需照价赔偿，谢谢合作！

客用租借物品登记表

日期	房号	用品及序号	经办人	租借时间	归还人	归还时间	接收人

（4）请你写下物品租借服务注意事项。

（5）思考一下，许静在客房服务中心接到了1219房客人的来电，希望借一个手机充电器，但是，饭店同型号的充电器已经全部借完了。恰巧，当天1206房退房时遗留了一个同型号的充电器，客人要明天才来取走，许静不知道能否把这个充电器借给1219房的客人，以解他的燃眉之急。

项目五　晚间整理服务

实训目的

（1）能够按要求进行晚间整理服务。
（2）熟悉晚间整理服务流程。
（3）能够处理晚间整理服务过程中遇到的突发情况。

实训方法

设计模拟场景，老师布置任务，学生先按照任务书设计方案，再进行实际操作，最后老师进行指导，学生之间相互点评。

实训时间

4 课时

实训内容

1. 基础知识

晚间整理服务的意义；晚间整理服务操作程序。

2. 准备工作

上岗前仪容仪表的整理；准备好晚间整理服务操作需要的设备，整理好客房服务员工作车；确认房态；熟悉晚间整理服务程序。

3. 服务技能

1）晚间整理服务流程

按程序进入客房→开灯，调节空调温度→拉上窗帘→将被子一侧掀开，折成 45 度角→将枕头整理好并摆正，将睡衣叠好放在枕头上→按照饭店的规定，将鲜花、晚安卡、小礼品或者早餐牌放在床头→将拖鞋摆放在开床一侧的地上→清理烟灰缸、桌面上、纸篓里的垃圾→按要求加注冰水，放报纸、杂志，将浴衣摆放在床尾→整理卫生间，清理卫生间的垃圾，更换使用过的毛巾，放好浴巾→检查一遍卫生间及房间内的用品→关掉所有的灯，并关上房门→填写晚间整理服务登记表

2）晚间整理服务注意事项

在晚间整理服务时，要根据客人的情况进行有针对性的服务。

开床要点：

（1）标准间，住一位女士时，开临近卫生间一侧床。

（2）标准间，住一位男士时，开靠近窗户那侧的床。

（3）标准间，住两位同性客人时，两张床同方向开，开床的方向朝向窗户。

（4）标准间，住两位异性客人时，两张床都从床头一侧开。

（5）标准间住一位客人时不能开两张床，每天都开固定的那一张床。

（6）大床间，只住一位客人，则开放置电话的那一侧，住两位客人，可以开一侧，也可以两侧同时开。

4. 要点提示

（1）如果房间 DND（请勿打扰）指示灯亮起，那么应该打电话询问客人是否需要晚间整理服务。

（2）客人堆放很多东西时，可以不开床，但需要留有纸条，说明原因，并告知客人。

（3）如果酒店馈赠的礼品有饮料和酒水，则应用托盘将饮料、酒水、杯子等放在床头柜上。

（4）晚间整理服务时不允许关上客房门，要注意安全。

（5）如遇特殊情况，一定要灵活处理。

晚间整理服务实训任务书

班级：________ 姓名：________ 学号：________ ____年____月____日

<table>
<tr><td>实训项目</td><td>晚间整理服务</td><td>实训时间</td><td>4课时</td></tr>
<tr><td>实训目的</td><td colspan="3">1. 能够按要求进行晚间整理服务。
2. 熟悉晚间整理服务流程。
3. 能够处理晚间整理服务过程中遇到的突发情况</td></tr>
<tr><td>实训方法</td><td colspan="3">设计模拟场景，老师布置任务，学生先按照任务书设计方案，再进行实践操作，最后老师进行指导，学生之间相互点评</td></tr>
<tr><td>课前布置任务</td><td>资料查询：
1. 了解客情。
2. 了解客源地风俗习惯。
3. 酒店晚间整理服务规章制度</td><td colspan="2">操作准备：
1. 按实训要求着工装。
2. 化淡妆。
3. 准备客房内晚间整理所需要的物品：床及床上用品，浴室及浴袍、浴巾、拖鞋等，晚安卡，小礼品等</td></tr>
<tr><td colspan="4">实训内容</td></tr>
<tr><td colspan="4">1. 按程序进入客房。
2. 开灯、调节空调温度。
3. 拉上窗帘。
4. 将被子一侧掀开，折成45度角。
5. 将枕头整理好并摆正，将睡衣叠好放在枕头上。
6. 按照饭店的规定，将鲜花、晚安卡、小礼品或者早餐牌放在床头。
7. 将拖鞋摆放在开床一侧的地上。
8. 清理烟灰缸、桌面上、纸篓里的垃圾。
9. 按要求加注冰水，放报纸、杂志，将浴衣摆放在床尾。
10. 整理卫生间，清理卫生间的垃圾，更换使用过的毛巾，放好浴巾。
11. 检查一遍卫生间及房间内的用品。
12. 关掉所有的灯，并关上房门。
13. 填写晚间整理服务登记表</td></tr>
<tr><td>要点提示</td><td colspan="3">1. 如果房间DND（请勿打扰）指示灯亮起，那么应该打电话询问客人需不需要晚间整理服务。
2. 客人堆放很多东西时，可以不开床，但需要留有纸条，说明原因，并告知客人。
3. 如果酒店馈赠的礼品有饮料和酒水，则应用托盘将饮料、酒水、杯子等放在床头柜上。
4. 晚间整理服务时不允许关上客房门，要注意安全。
5. 如遇特殊情况，一定要灵活处理</td></tr>
</table>

晚间整理服务能力测试

班级：________ 姓名：________ 学号：________ ____年____月____日

序号	评价内容	操作内容	配分	得分
1	服务准备	（1）按工作任务规范开班前例会。 （2）按规范领取钥匙等相关用品用具。 （3）按规范准备及整理房务工作车。 （4）核实房态。 （5）确定清洁整理顺序	20	
2	规范进房	符合敲门及进房的规范标准	10	
3	整理卧室、卫生间	（1）按规范流程合理地进行清洁整理。 （2）正确选择及使用清洁工具。 （3）开夜床位置正确。 （4）合理摆放夜床晚安礼品。 （5）按要求整理卧室、卫生间	50	
4	添补客用物品	按规范配置进行添补，物品摆放到位	20	
合计			100	
总评：				

学生自评表

班级：__________ 姓名：__________ 学号：__________ _____年____月____日

评价项目及标准		配分	得分
操作技能	熟悉服务流程，能够不断优化自己的技能技巧	10	
	动手能力强，善于理论联系实际和灵活应用	10	
	熟练掌握各项操作技能，基本功扎实	10	
	熟悉质量分析，能够结合实际提高自己的综合实践能力	10	
	掌握晚间整理服务的基本方法	10	
	分析任务的能力强，具备相关专业理论知识	10	
	了解客房服务常用设备的种类和用途，掌握常用设备的结构，了解常用设备的维护保养	10	
实习过程	1. 操作熟练情况。 2. 实习的出勤情况。 3. 每天的练习完成质量。 4. 每天考核的操作技能。 5. 每天对实习岗位卫生清洁、工具的整理保管及实习场所卫生清扫情况	20	
情感态度	1. 与教师的互动。 2. 良好的劳动习惯。 3. 与组员的交流、合作。 4. 实践动手操作的兴趣、态度	10	
合计		100	
简要评述			

注：总得分≥90为优秀，80≤总得分<90为良好，60≤总得分<80为一般，总得分<60为有待提高。

小组互评表

被评人姓名：________　学号：__________　____年____月____日　评价人：________

评价项目及标准		配分	得分
操作技能	熟悉服务流程，能够不断优化自己的技能技巧	10	
	动手能力强，善于理论联系实际和灵活应用	10	
	熟练掌握各项操作技能，基本功扎实	10	
	熟悉质量分析，能够结合实际提高自己的综合实践能力	10	
	掌握晚间整理服务的基本方法	10	
	分析任务的能力强，具备相关专业理论知识	10	
	了解客房服务常用设备的种类和用途，掌握设备的结构，了解常用设备的维护保养	10	
实习过程	1. 安全操作情况。 2. 实习的出勤情况。 3. 每天的练习完成质量。 4. 每天考核的操作技能。 5. 每天对实习岗位卫生清洁、工具的整理保管及实习场所卫生清扫情况	20	
情感态度	1. 与教师的互动。 2. 良好的劳动习惯。 3. 与组员的交流、合作。 4. 实践动手操作的兴趣、态度	10	
合计		100	
简要评述			

注：总得分≥90为优秀，80≤总得分<90为良好，60≤总得分<80为一般，总得分<60为有待提高。

随堂练习

（1）请将晚间整理服务程序补充完整。

某酒店“开夜床服务”规范如下：

① 在 17：00—21：00 之间，按照规定程序进入客房。

② 开灯，调节空调温度至 26℃。

③ ________________________________。

④ ________________________________。

⑤ ________________________________。

⑥ ________________________________。

⑦ 将拖鞋摆放在开床一侧的地上。

⑧ ________________________________。

⑨ ________________________________。

⑩ 整理卫生间，清理卫生间的垃圾，更换使用过的毛巾，放好浴巾。

⑪ ________________________________。

⑫ ________________________________。

⑬ ________________________________。

（2）王小姐入住某酒店，当她入住当天用完晚餐回到房间时，发现夜床已经做好，服务员为她开的是靠卫生间墙壁的一张床，床单和毛毯已经拉开一只角。王小姐打开电视机，靠在开好的一张床上看电视，但觉得电视机的位置有些偏，不是很合适，于是又去将电视机的方向转至合适位置。如果你是客房服务员，你如何处理这件事情？

____

____

____

____

（3）开夜床服务应该注意什么问题。

____

____

____

____

____

4

模块四

客人离店服务

项目一　客人离店服务

实训目的

（1）能够独立完成客人离店送别服务。

（2）能够独立按要求进行查房。

（3）能够熟练掌握查房注意事项。

实训方法

设计模拟场景，老师布置任务，学生先按照任务书设计方案，再进行实际操作，最后老师进行指导，学生之间相互点评。

实训时间

2 课时

实训时间

1. 基础知识

客人离店服务准备工作；客人离店服务流程；客史档案的建立；客人离店服务注意事项。

2. 准备工作

仪容仪表的整理；房态的了解和掌控；客人具体离店时间的掌握。

3. 服务技能

1）客人离店服务准备工作

（1）准备好行李车，为客人送行李。

（2）查看服务台账单，确认是否有账未结。

（3）查看交接记录本，确认是否有代办事项。

（4）查看服务台有无客人信件、留言等。

（5）如果是重要客人，通知店、部级经理，并了解他们有无来探望或者欢送的安排。

2）送客服务

（1）通知行李员提取客人的行李。

（2）凡当日离开酒店都要进行离店登记。

（3）客人离店前，客房服务员应主动征求客人意见，不断改进服务工作。

（4）客人提的意见如果有不符合事实之处，不要做过多解释。

（5）客人行至电梯口，客房服务员要立即为客人叫电梯。

（6）电梯到达楼面时，在正确的位置用手挡住电梯活动门，请客人先进电梯，并将行李送入电梯放好。

（7）电梯门关上 1/3 时，面向客人，微微鞠躬并告别说“欢迎下次再来”。

3）查房服务

（1）客人离开房间后，客房服务员迅速进房查房。查房内容主要包括：核对小酒吧内酒水消费情况，检查客人是否有遗留物品，检查房间内是否有损坏或遗失的物品。

（2）查房应及时、迅速、细致，避免遗漏。

（3）将查房结果及时报告前台。

（4）查房后做好离店客人情况记录，以便交班时使用。

4）善后工作

（1）及时检查客房内的物品。

（2）正确处理设备及物品被损事项。

（3）客人遗留物品处理。

客房服务员发现遗留物品，必须尽快交到保安部或者客房服务中心。

（4）及时查房将情况通报有关部门。

5）总结建档

客人离店后，客房部应及时做好客人客史档案的记录或补充，并对辖区内的接待工作认真做好总结。检查在接待服务过程中是否存在不足之处，信息传递及反馈是否到位，相关岗位的协调和沟通是否顺畅。

4. 要点提示

（1）适时提醒客人离店时间。

（2）不要让客人感觉服务员在赶客人走。

（3）征求意见时态度要诚恳。

（4）最好不要与客人交往过密，以免发生意外。

（5）不要为了讨好客人损害酒店的利益。

（6）查房时发现房间设备损坏或客人误带走客房的用品，与客人接触询问要注意语言技巧。

客人离店服务实训任务书

班级：______________ 姓名：__________ 学号：__________ ______年____月____日

实训项目	客人离店服务	实训时间	2 课时
实训目的	1. 能够独立完成客人离店送别服务。 2. 能够独立按要求进行查房。 3. 能够熟练掌握查房注意事项		
实训方法	设计模拟场景，老师布置任务，学生先按照任务书设计方案，再进行实际操作，最后老师进行指导，学生之间相互点评		
课前布置任务	资料查询： 1. 了解客情。 2. 了解客源地风俗禁忌。 3. 酒店物品损坏规章制度	操作准备： 1. 按实训要求着工装。 2. 化淡妆。 3. 准备酒店标准间及室内设备	
实训内容			
客人离店服务准备工作；退房查房；送客服务；善后工作；总结建档			
要点提示	1. 适时提醒客人离店时间。 2. 征求意见时态度要诚恳。 3. 最好不要与客人交往过密，以免发生意外。 4. 不要为了讨好客人，损害酒店的利益。 5. 查房时发现房间设备损坏或客人误带走客房的用品，与客人接触询问要注意语言技巧		

客人离店服务能力测试

班级：______________ 姓名：__________ 学号：__________ ______年____月____日

序号	评价内容	操作内容	配分	得分
1	客人退房前准备工作	（1）在宾客退房前，进行“盘点退房”。 （2）在早晨例会时，掌握房态情况	10	
2	退房查房	（1）接到宾客退房通知后，立刻去查房。 （2）认真细致地检查厅、卧室、卫生间、小酒吧、储藏室等，是否有客人遗留物品以及被客人损坏的物品和被消费物品	30	
3	汇报查房结果	快速、准确地向前台汇报检查房结果	30	
4	善后工作	（1）客人有损坏物品。 （2）遗留物品的处理	20	
5	综合印象	整个查房流程顺畅、熟练	10	
合计			100	
总评：				

学生自评表

班级：__________ 姓名：________ 学号：________ ____年___月___日

评价项目及标准		配分	得分
操作技能	熟悉服务流程，能够不断优化自己的技能技巧	10	
	动手能力强，善于理论联系实际和灵活应用	10	
	熟练掌握各项操作技能，基本功扎实	10	
	熟悉质量分析，能够结合实际提高自己的综合实践能力	10	
	掌握客人离店服务的基本方法	10	
	分析任务的能力强，具备相关专业理论知识	10	
	了解客房常用设备的种类和用途，掌握常用设备的结构，了解常用设备的维护保养	10	
实习过程	1. 操作熟练情况。 2. 平时实习的出勤情况。 3. 每天的练习完成质量。 4. 每天考核的操作技能。 5. 每天对实习岗位卫生清洁、工具的整理保管及实习场所卫生清扫情况	20	
情感态度	1. 与教师的互动。 2. 良好的劳动习惯。 3. 与组员的交流、合作。 4. 实践动手操作的兴趣、态度	10	
合计		100	
简要评述			

注：总得分≥90为优秀，80≤总得分<90为良好，60≤总得分<80为一般，总得分<60为有待提高。

小组互评表

被评人姓名：________　学号：__________　____年____月____日　评价人：________

评价项目及标准		配分	得分
操作技能	熟悉服务流程，能够不断优化自己的技能技巧	10	
	动手能力强，善于理论联系实际和灵活应用	10	
	熟练掌握各项操作技能，基本功扎实	10	
	熟悉质量分析，能够结合实际提高自己的综合实践能力	10	
	掌握客人离店服务的基本方法	10	
	分析任务的能力强，具备相关专业理论知识	10	
	了解客房服务常用设备种类和用途，掌握常用设备的结构，了解常用设备的维护保养	10	
实习过程	1. 安全操作情况。 2. 实习的出勤情况。 3. 每天的练习完成质量。 4. 每天考核的操作技能。 5. 每天对实习岗位卫生清洁、工具的整理保管及实习场所卫生清扫情况	20	
情感态度	1. 与教师的互动。 2. 良好的劳动习惯。 3. 与组员的交流、合作。 4. 实践动手操作的兴趣、态度	10	
合计		100	
简要评述			

注：总得分≥90 为优秀，80≤总得分<90 为良好，60≤总得分<80 为一般，总得分<60 为有待提高。

随堂练习

（1）根据以下信息，完成客人离店服务计划。

哈密某饭店的贵宾李先生夫妇计划于明天14：00乘2268次航班离开哈密。请根据以上信息，完成客人离店服务计划。

客人离店服务计划

<table>
<tr><td colspan="2">部门：客房部</td><td>职位：</td></tr>
<tr><td colspan="2">编号：</td><td>工作项目：</td></tr>
<tr><td colspan="3">设备要求：</td></tr>
<tr><td>做什么？</td><td>怎么做？</td><td>为什么？</td></tr>
<tr><td>1.问候客人</td><td></td><td></td></tr>
<tr><td></td><td></td><td></td></tr>
<tr><td></td><td></td><td></td></tr>
<tr><td></td><td>1. 征求客人对酒店各个环节的评价和意见，如果客人方便，请客人填写宾客意见书（住店期间您是否觉得满意呢？您是否满意我们的工作呢？您有什么意见留给我们吗？）。
2. 若客人留下了相关的意见建议，及时登记在“客人意见收集本”上，重要的投诉意见需请客人留下联系方式，并立即报告前厅督导/经理。
3. 感谢客人入住，祝愿客人旅途愉快。起身送别客人（感谢您的光临！）</td><td></td></tr>
<tr><td>5.完善工作手续</td><td></td><td></td></tr>
<tr><td colspan="2">起草：</td><td>批准：</td></tr>
<tr><td colspan="2">签字：
日期：</td><td>签字：
日期：</td></tr>
</table>

（2）完成客人退房查房服务程序表。

接通知	接到通知后，第一时间内赶到相应的客房。
↓	
↓	
↓	
	若房间有消费商品，应当第一时间内报给吧台。
↓	
↓	
↓	
↓	
↓	
上交遗留物品、故障报修	

（3）查、退房注意事项：

项目二　中式铺床

实训目的

（1）能够按操作要求做好铺床前的准备工作。

（2）能够独立按标准中式铺床程序铺床。

（3）能够熟练掌握中式铺床注意事项。

实训方法

设计模拟场景，老师布置任务，学生先按照任务书设计方案，再进行实际操作，最后老师进行指导，学生之间相互点评。

实训时间

4 课时

实训内容

1. 基础知识

中式铺床的准备工作；中式铺床的操作步骤；中式铺床的操作要领。

2. 准备工作

整理仪容仪表；准备中式铺床所需要的布草；熟悉中式铺床的操作步骤。

3. 服务技能

（1）准备工作。

① 按客房服务员工作要求着装，并整理好工作本。

② 准备好床单、被套、枕头套等布草。

③ 整理床垫：位置正确、平整，四边平齐，床垫无污迹、无毛发、无破损，床垫拉正对齐。

（2）抛铺床单。

开单、抛单、打单定位一次成功；床单中线居中，不偏离床垫中线；床单正面朝上，表面平整光滑；包角紧密垂直且平整，式样统一；四边掖边紧密且平整。

（3）套被套。

站在床尾，一次性抛开被套，平铺于床上；被套口向床尾打开；羽绒被芯放置于床尾，被芯长宽方向与被套一致；将被芯两角一次性套入被套内，被芯头部塞入被套顶部并填实，抖开被芯，四角定位，被芯与被套两边的空隙均匀；抛开羽绒被，被头拉到与床垫的床头部位齐平，一次定位成功；被头朝床尾方向反折45厘米。被套中线居中，不偏离床中线；羽绒被在被套内四角到位，饱满、平展，羽绒被在被套内两侧两头平整，被套表面平整光滑，被套口平整且要收口，被芯、绑绳不外露。

（4）套枕套。

将枕芯平放在工作台上，撑开枕袋口，将枕芯往里套；抓住枕袋口，边提边抖动，使枕芯全部进入枕袋里面；将超出枕芯部分的枕袋掖好，枕套开口包好不外露，并把袋口封好；套好的枕头须四角饱满、平整，且枕芯不外露。

（5）放枕头。

枕头放置于床头中央，与床头平齐，枕头开口朝下并反向床头柜，放好的枕头距床两侧距离均等，整个枕头表面平整、光滑、无皱折，枕套中线与床单中线在一条线上。

4. 要点提示

床单和被套叠法：正面朝里，沿长边对折两次，再单边朝里沿宽边对折两次。被芯折叠法：S形折叠，再两头向中间折，然后对折。

中式铺床服务实训任务书

班级：______________ 姓名：__________ 学号：__________ ______年____月____日

实训项目	中式铺床服务	实训时间	4课时
实训目的	1. 能够按操作要求做好铺床前的准备工作。 2. 能够独立按标准中式铺床程序铺床。 3. 能够熟练掌握中式铺床注意事项		
实训方法	设计模拟场景，老师布置任务，学生先按照任务书设计方案，再进行实际操作，最后老师进行指导，学生之间相互点评		
课前布置任务	资料查询： 1. 了解酒店相关规章制度。 2. 了解布草相关知识。 3. 了解酒店床及床上用品相关知识	操作准备： 1. 按实训要求着工装。 2. 化淡妆。 3. 准备酒店标准间及室内设备	
实训内容			
1. 整理床垫（准备工作时）。 2. 抛铺床单：开单、抛单、打单，包角紧密，式样统一。 3. 套被套：羽绒被在被套内四角到位，饱满、平展，被头朝床尾方向反折45厘米。被套口收口，被芯、绑绳不外露。 4. 套枕套：枕头须四角饱满、平整，且枕芯不外露。 5. 放枕头：枕头放置于床头中央，与床头平齐，枕头开口朝下并反向床头柜，枕头表面平整、光滑、无皱折。 6. 枕头、被子、床单三线合一且居中			
要点提示	1. 床单和被套叠法：正面朝里，沿长边对折两次，再单边朝里沿宽边对折两次。被芯折叠法：S形折叠，再两头向中间折，然后对折。 2. 铺床时动作要干净利落，用力适当，避免手臂和腰部拉伤。 3. 甩单要快、抛单要稳、定位要慢、走步要轻，以免撞到床边。 4. 包角时需半跪或蹲式，禁止躬身操作		

中式铺床服务能力测试

班级：__________ 姓名：________ 学号：________ ______年____月____日

序号	评价内容	操作内容	配分	得分
1	床单（20分）	开单一次成功（两次扣1分，三次及以上不得分）	2	
		抛单一次成功（两次及以上不得分）	1	
		打单定位一次成功（两次扣1分，三次及以上不得分）	3	
		中线居中，不偏离中线（偏2厘米以内不扣分，2~3厘米扣1分，3厘米以上不得分）	3	
		床单正反面准确（毛边向下，抛反不得分）	2	
		床单表面平整光滑（每条水波纹扣1分）	3	
		包角紧密垂直且平整，式样统一（90度）	3	
		四边掖边紧密且平整（每条水波纹扣1分）	3	
2	被套（15分）	一次抛开（两次扣2分，三次及以上不得分）、平整光滑	5	
		被套正反面准确（抛反不得分）	5	
		被套开口在床尾（方向错不得分）	5	
3	羽绒被（15分）	羽绒被放于床尾，羽绒被长宽方向与被套一致	5	
		抓住羽绒被两角一次性套入被套内，抖开被芯，操作规范、利落（两次扣2分，三次及以上不得分）	5	
		抓住床尾两角抖开羽绒被并一次抛开定位（整理一次扣2分，以此类推），被子与床头平齐	5	
3	羽绒被（25分）	被套中线居中，不偏离床中线（偏2厘米以内不扣分，2～3厘米扣1分，3厘米以上不得分）	5	
		羽绒被在被套内四角到位，饱满、平展	5	
		羽绒被在被套内两侧两头平整（一侧一头不平整扣1分）	3	
		被套口平整且要收口，羽绒被不外露（未收口扣1分）	5	
		被套表面平整光滑（每条水波纹扣1分）	2	
		羽绒被在床头翻折45厘米（每相差2厘米扣1分，不足2厘米不扣分）	5	
4	枕头（2个）（15分）	四角到位，饱满挺括	4	
		枕头开口朝下并反向床头柜	3	
		枕头边与床头边平行	3	
		枕头中线与床中线对齐（每相差2厘米扣1分，不足2厘米不扣分）	3	
		枕套沿无折皱，表面平整，自然下垂	2	
5	综合印象（10分）	总体效果：三线对齐，平整美观	5	
		操作过程规范，动作娴熟、敏捷、优美，能体现岗位气质	5	
合计			100	
总评：				

学生自评表

班级：＿＿＿＿＿＿　姓名：＿＿＿＿＿　学号：＿＿＿＿＿　＿＿＿年＿＿月＿＿日

评价项目及标准		配分	得分
操作技能	熟悉服务流程，能够不断优化自己的技能技巧	10	
	动手能力强，善于理论联系实际和灵活应用	10	
	熟练掌握各项操作技能，基本功扎实	10	
	熟悉质量分析，能够结合实际提高自己的综合实践能力	10	
	掌握中式铺床服务的基本方法	10	
	分析任务的能力强，具备相关专业理论知识	10	
	了解客房服务常用设备的种类和用途，掌握常用设备的结构，了解常用设备的维护保养	10	
实习过程	1. 操作熟练情况。 2. 实习的出勤情况。 3. 每天的练习完成质量。 4. 每天考核的操作技能。 5. 每天对实习岗位卫生清洁、工具的整理保管及实习场所卫生清扫情况	20	
情感态度	1. 与教师的互动。 2. 良好的劳动习惯。 3. 与组员的交流、合作。 4. 实践动手操作的兴趣、态度	10	
合计		100	
简要评述			

注：总得分≥90 为优秀，80≤总得分<90 为良好，60≤总得分<80 为一般，总得分<60 为有待提高。

小组互评表

被评人姓名：________ 学号：____________ ______年____月____日 评价人：________

评价项目及标准		配分	得分
操作技能	熟悉作业流程选择、技能技巧路线优化	10	
	动手能力强，善于理论联系实际和灵活应用	10	
	熟练掌握各项操作技能，基本功扎实	10	
	熟悉质量分析，能够结合实际提高自己的综合实践能力	10	
	掌握中式铺床服务的基本方法	10	
	分析任务的能力强，具备相关专业理论知识	10	
	了解客房服务常用设备的种类和用途，掌握常用设备的结构，了解常用设备的维护保养	10	
实习过程	1.安全操作情况。 2.实习的出勤情况。 3.每天的练习完成质量。 4.每天考核的操作技能。 5.每天对实习岗位卫生清洁、工具的整理保管及实习场所卫生清扫情况	20	
情感态度	1.与教师的互动。 2.良好的劳动习惯。 3.与组员的交流、合作。 4.实践动手操作的兴趣、态度	10	
合计		100	
简要评述			

注：总得分≥90为优秀，80≤总得分<90为良好，60≤总得分<80为一般，总得分<60为有待提高。

随堂练习

（1）请将打乱的中式铺床的操作程序重新排列。

A. 四角定位　B. 包角　C. 系绑带　D. 打开被芯　E. 打开被套

F. 套被套　G. 打单　H. 套枕套　I. 打开枕套　J. 将被子前端反折 45 厘米

K. 拉床　L. 放枕头　M. 检查整理　N. 将床复位

① ________ ② ________ ③ ________ ④ ________ ⑤ ________

⑥ ________ ⑦ ________ ⑧ ________ ⑨ ________ ⑩ ________

⑪ ________ ⑫ ________ ⑬ ________ ⑭ ________

（2）请按照第 1 题里的顺序，补充完整下面的表格。

拉床	屈膝下蹲，将床拉出50厘米，检查整理床垫。
将床复位	用腿部力量将床缓缓推进床头板，再检查一遍床是否铺得整齐、美观，并整理床裙，保持自然下垂、整齐。

（3）请交流一下你的打单经验。

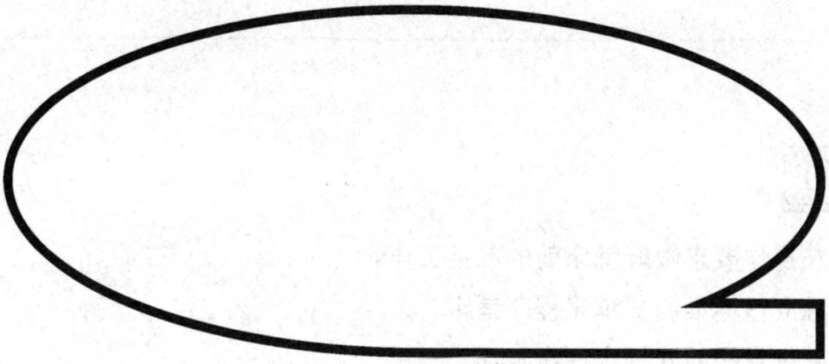

（4）请问套被套有没有更快更好的方法?

项目三　西式铺床

实训目的

（1）能够按操作要求做好铺床前的准备工作。

（2）能够独立按标准西式铺床程序铺床。

（3）能够熟练掌握西式铺床注意事项。

实训方法

设计模拟场景，老师布置任务，学生先按照任务书设计方案，再进行实际操作，最后老师进行指导，学生之间相互点评。

实训时间

4 课时

实训内容

西式铺床准备工作；西式铺床操作程序；西式铺床操作要领。

1. 基础知识

西式铺床操作程序。

2. 准备工作

整理仪容仪表；准备西式铺床所需要的布草；熟悉西式铺床的操作步骤。

3. 服务技能

（1）床上用品的准备。

防尘垫 1 张、床单 2 张、枕套 1 个、枕芯 2 个、毛毯 1 条、床罩 1 个。

（2）将床屉拉离床头。

① 站立在床尾 30 厘米处，两脚前后交叉一足的距离，屈膝下蹲并重心前倾，用双手握紧床尾部，将床屉连同床垫同时慢慢拉出。

② 使床身离开床头板 50 厘米。

（3）摆正床垫。

① 将床垫与床垫边角对齐。

② 根据床垫四边所标明的月份字样，将床垫定期翻转，使其受力均匀平衡。

（4）整理床面。

用手把面褥理顺拉平，发现污损棉褥要及时更换。

（5）铺第一张床单。

① 抖单，力求一次到位。

② 定位，使床单中线居中，与两侧的对折线和床垫边沿同等距离，床单正面朝上。

③ 包角，内斜角为 45 度，外直角为 90 度，可按顺时针或逆时针依次包好四个角，在包角时将床单的四边顺势塞入床垫下面的夹缝中。

（6）铺第二张床单。

① 抖单方法同前。

② 抖单后使床单中线居中，中折线与第一床单对称，三面均匀。

③ 床单前端多出床头 5 厘米。

（7）铺毛毯。

① 手持毛毯尾部，将毛毯前部抛向床头，轻轻后提毛毯，至毛毯前部与床头相距离 35 厘米处放下毛毯。

② 毛毯平铺，其商标朝外且在床尾下方，毛毯中线与床单中线对齐。

③ 包角。用双手将毛毯尾部连同第二条床单下垂部分填入床屉和床垫的夹缝中，床尾两角包成直角。

④ 包边。将第二条床单由床头部向上反卷包住毛毯头，将床两侧垂下毛毯同第二条床单一起填入床垫与床屉间的夹缝。

（8）套枕套。

① 把枕芯横放在床面上，左手抖开枕袋并将其平铺床上，张开袋口，用右手捏住枕芯的两个前角，从枕袋开口处送入直至袋端，然后将枕芯两角推至两角端部。

② 用两手提起枕袋口轻轻抖动，使枕芯自动滑入，装好的枕芯要把枕袋四角冲齐。

（9）放置枕头。

① 将套好的枕头放置在床的正中，如果是单人床，枕袋口与床头柜反向，两个枕头保持 20 厘米厚度的重叠，摆放于离床头 1 厘米处。

② 双人床放枕头时，将四个枕头两个一组重叠，枕套口方向相对，当房间有两张单人床时，也要使两床枕套口与床头柜反向，摆放枕头要求一致。

③ 枕头放好后要进行整形，轻推枕面，使四角饱满挺实，注意不要在枕面上留下手痕。

（10）铺床罩。

① 把折好的床罩放在床中央横向打开。

② 双手把床罩尾部拉至床尾下离地成 5 厘米处，将床罩头部抛向床头，使床罩平铺床上。

③ 抛床罩时注意用腿顶住垂下的床罩，床罩下摆不要着地，站在床头位置将床罩置于枕头上边，下垂 10 厘米，将床罩其下部分分别均匀填入上下枕头缝之中。

④ 整理床罩头部，使处于枕头上的床罩平整，两侧呈流线型，由枕头边自然垂至床侧，

处于上下枕头夹缝中的床罩，自然向两侧铺，呈流线型至端处。

（11）将床推回原位。

① 将床身缓缓推回原位。

② 铺完的床要查看一次，对不够整齐、造型不够美观的床面，尤其是床头部分，用手稍加整理。

4. 要点提示

（1）观察有无床腿损坏或床垫移位等情况。

（2）铺床时动作要干净利落，用力适当，避免手臂和腰部拉伤。

（3）要保持快、稳、慢的节奏。甩单要快、抛单要稳、定位要慢、走步要轻，以免撞到床边、碰上脚部。

（4）包角时需半跪或蹲式，禁止躬身操作。

西式铺床服务实训任务书

班级：__________ 姓名：________ 学号：________ ____年___月___日

实训项目	西式铺床服务	实训时间	4课时
实训目的	1. 能够按操作要求做好铺床前的准备工作。 2. 能够独立按标准西式铺床程序铺床。 3. 能够熟练掌握西式铺床注意事项。		
实训方法	设计模拟场景，老师布置任务，学生先按照任务书设计方案，再进行实际操作，最后老师进行指导，学生之间相互点评。		
课前布置任务	资料查询： 1. 了解酒店相关规章制度。 2. 了解布草相关知识。 3. 了解酒店床及床上用品相关知识	操作准备： 1. 按实训要求着工装。 2. 化淡妆。 3. 准备酒店标准间及室内用品，包括防尘垫1张、床单2张、枕套1个、枕芯2个、毛毯1条、床罩1个	
实训内容			
床上用品的准备→将床屉拉离床板→摆正床垫→整理床面→铺第一张床单→铺第二张床单→铺毛毯→套枕套→放置枕头→铺床罩→将床推回原位			
要点提示	1. 观察有无床腿损坏或床垫移位等情况。 2. 铺床时动作要干净利落，用力适当，避免手臂和腰部拉伤。 3. 甩单要快、抛单要稳、定位要慢、走步要轻，以免撞到床边、碰上脚部。 4. 包角时需半跪或蹲式，禁止躬身操作		

西式铺床服务能力测试

班级:______________ 姓名:__________ 学号:__________ ______年____月____日

序号	评价内容	操作内容	配分	得分
1	自我介绍	发音标准、音高适中、表达清晰	5	
2	仪表仪容	符合相应星级标准要求	5	
3	拉、撤床（10分）	自床尾将床体轻轻拉出50厘米	2	
		依次撤下枕套、被套、床单	4	
		整理床褥、检查有无杂物	2	
		撤换物品、不接触地面	2	
4	铺床单与包角（25分）	甩单动作连贯、床单一次展开到位	6	
		床单中线居中（每偏离1厘米扣1分，直至扣完3分）	3	
		毛边向下	2	
		四角包角对应、均匀、坚实、与地面成垂直（每角2.5分）	10	
		四边塞边平整、紧实（每侧1分）	4	
5	被套罩与定位（25分）	被套与被芯固定，四角饱满（每角1.5分）	6	
		被套开口处打蝴蝶结，大小一致	3	
		被套整体挺括，平整，正面向上	4	
		被子平铺于床上、被头与床头齐平	3	
		不偏离中心线，两侧下垂部分相同（每超1厘米扣1分，直至扣完6分）	6	
		开口朝向床尾	3	
6	套枕头与定位（10分）	四角饱满（每角0.5分）	4	
		枕头外形平整、挺括（每个1分）	2	
		枕头开口远离床头柜	2	
		枕头与床单中线重叠（每超1厘米扣1分）	2	
7	铺床尾垫（6分）	放至距床尾10厘米处，两侧下垂均匀（每超1厘米扣1分，直至扣完6分）	6	
8	床体复位（8分）	自床尾将床体轻轻推回原位	3	
		整理床面、平整美观	5	
9	操作规范	动作轻、巧、快、准、稳	3	
10	总体印象	自然、大方、得体	3	
合计			100	
总评:				

学生自评表

班级:______________ 姓名:__________ 学号:__________ ______年____月____日

评价项目及标准		配分	得分
操作技能	熟悉服务流程，能够不断优化自己的技能技巧	10	
	动手能力强，善于理论联系实际和灵活应用	10	
	熟练掌握各项操作技能，基本功扎实	10	
	熟悉质量分析，能够结合实际提高自己的综合实践能力	10	
	掌握西式铺床服务的基本方法	10	
	分析任务的能力强，具备相关专业理论知识	10	
	了解客房服务常用设备的种类和用途，掌握常用设备的结构，了解常用设备的维护保养	10	
实习过程	1. 操作熟练情况。 2. 实习的出勤情况。 3. 每天的练习完成质量。 4. 每天考核的操作技能。 5. 每天对实习岗位卫生清洁、工具的整理保管及实习场所卫生清扫情况。	20	
情感态度	1. 与教师的互动。 2. 良好的劳动习惯。 3. 与组员的交流、合作。 4. 实践动手操作的兴趣、态度	10	
合计		100	
简要评述			

注：总得分≥90为优秀，80≤总得分<90为良好，60≤总得分<80为一般，总得分<60为有待提高。

小组互评表

被评人姓名：_______　学号：_________　____年____月____日　评价人：_______

评价项目及标准		配分	得分
操作技能	熟悉服务流程，能够不断优化自己的技能技巧	10	
	动手能力强，善于理论联系实际和灵活应用	10	
	熟练掌握各项操作技能，基本功扎实	10	
	熟悉质量分析，能够结合实际提高自己的综合实践能力	10	
	掌握西式铺床服务的基本方法	10	
	分析任务的能力强，具备相关专业理论知识	10	
	了解客房服务常用设备的种类和用途，掌握常用设备的结构，了解常用设备的维护保养	10	
实习过程	1. 安全操作情况。 2. 实习的出勤情况。 3. 每天的练习完成质量。 4. 每天考核的操作技能。 5. 每天对实习岗位卫生清洁、工具的整理保管及实习场所卫生清扫情况。	20	
情感态度	1. 与教师的互动。 2. 良好的劳动习惯。 3. 与组员的交流、合作。 4. 实践动手操作的兴趣、态度	10	
合计		100	
简要评述			

注：总得分≥90为优秀，80≤总得分<90为良好，60≤总得分<80为一般，总得分<60为有待提高。

随堂练习

（1）请将打乱的西式铺床的操作程序重新排列。

A. 打单　B. 包角　C. 系绑带　D. 打开毛毯　E. 包角

F. 铺床罩　G. 打单　H. 套枕套　I. 打开枕套　J. 将毛毯前端反折 35 厘米

K. 拉床　L. 放枕头　M. 检查整理　N. 将床复位

① ________　② ________　③ ________　④ ________　⑤ ________

⑥ ________　⑦ ________　⑧ ________　⑨ ________　⑩ ________

⑪ ________　⑫ ________　⑬ ________　⑭ ________

（2）请按照第 1 题里的顺序，补充完整下面的表格。

拉床	屈膝下蹲，将床拉出50厘米，检查整理床垫。
	用腿部力量将床缓缓推进床头板，再检查一遍床是否铺得整齐、美观，并整理床裙，保持自然下垂、整齐。

（3）请分享一下你给毛毯包角的经验。

____

____

____

____

____

____

（4）比较一下中式铺床和西式铺床的优点和缺点。

中式铺床
- 优点：
- 缺点：

西式铺床
- 优点：
- 缺点：

项目四　客房卫生清扫

实训目的

（1）了解客房清扫的相关准备工作。

（2）熟悉客房清洁质量的标准及检查标准。

（3）掌握客房清洁的相关规定、基本方法和程序。

实训方法

设计模拟场景，老师布置任务，学生先按照任务书设计方案，再进行实际操作，最后老师进行指导，学生之间相互点评。

实训时间

4 课时

实训内容

1. 基础知识

客房状态类型；客房卫生清洁要求；客房卫生清洁程序。

2. 准备工作

整理仪容仪表；接受任务，核实客房状态，确定清扫顺序；领取工作钥匙和对讲机；准备工作车和清洁工具。

3. 服务技能

1）客房卫生清洁要求

（1）客房服务员接到退房通知之后，应尽快对客房进行彻底清洁。

（2）将房务工作车放在客房门口，将吸尘器放在客房门口一侧。

（3）进入客房后，先检查客房内是否有客人的遗留物品、是否有损坏的物品等。

（4）对茶具、杯具进行严格消毒。

（5）对卫生间内的设施设备进行消毒。

2）客房卫生清洁程序

（1）查看客房外的情况。

首先观察客房门外墙上的 DND（请勿打扰）灯是否亮起、门上是否挂有 DNA 牌，房门锁是否正常等。

（2）按程序进房。

程序依次为：观察门外情况→敲门通报→等候→第二次敲门通报→第二次等候→开门→再次敲门通报→进房

（3）停放好工作车。

将工作车停在客房门口，工作车开口朝向客房门口，这样做既安全，又可以避免造成误解。

（4）填写工作单。

进入客房进行清洁前，应当先认真地填写客房卫生清洁工作单，认真地填写房号、房态以及进入客房的时间。

（5）拉开窗帘、打开窗户。

为保持房间内空气流通，应拉开窗帘、打开窗户。

（6）检查开关，关闭房间内的灯。

（7）调节空调。

如果客房内的窗户是关着的，为保持房内空气流通，应将空调的风速调至最大。如果客房内的窗户是打开的，为节约用电，应当关闭空调。

（8）观察房内情况。

检查房内是否有客人的遗留物品，有无设施设备、用品的损坏、损失情况。

（9）撤出客房内的餐具、餐车、茶具等。

撤出的餐具不能随意地堆放在楼道内，应当将餐盘、餐具、茶具放在餐车上，将餐车停放在员工电梯口，并且通知客房送餐员来收取。

（10）收集垃圾。

将客房内的垃圾包括卫生间的垃圾倒在工作车的垃圾桶内。

（11）撤床。

将车下的床单、被套、枕套放在工作车上的布草袋内，同时从工作车上取回相同规格、同等数量的床单、被套、枕套准备铺床。

（12）铺床。

按照中式铺床或者西式铺床的操作步骤进行铺床。

（13）抹尘。

抹尘的时候，为了避免遗漏，应当采取逆时针的方向，从上到下，从里到外对家具进行除尘除迹。抹尘时应当注意将干湿抹布分开。

（14）撤出客人用过的四巾。

将客人用过的“四巾”放到工作车的布草袋内，不要将撤出的“四巾”放到地上或者走廊内。

（15）冲洗坐便器。

冲洗坐便器，应先用水冲洗一遍，然后沿着便器边沿将清洁剂滴入，用刷子刷干净之后，再次用清水冲洗。

（16）清洁洗脸盆及云台。

先用刷子蘸取一定浓度的清洁剂，将洗脸盆及云台刷干净，再用清水冲洗干净，最后用干抹布擦干水迹，并将水龙头擦干净。在清洁洗脸盆及云台时一定注意清理干净毛发等污物。

（17）擦拭镜面。

用抹布将镜面擦拭干净，使其光洁明亮。

（18）清洗浴缸。

先用温水粗洗一遍，将污物清除，再用海绵块蘸上清洁剂清洗一遍，打开热水，用温水冲洗干净，最后用干抹布擦干水迹，将浴缸的下水口塞紧。

（19）除尘除迹。

分别用抹布擦拭卫生间的门、门把手、毛巾架、纸架等。

（20）补充客房内的客用品。

客房服务员应当按照酒店规定的品种、数量及摆放要求补齐、补足、放好各种客用物品，包括卫生间内的物品。

（21）吸尘。

按照从里到外的顺序对地毯进行吸尘，并且整理好家具以及窗帘等。

（22）再次调节空调。

如果客房内无人，应该关闭空调。

（23）自我检查。

为确保客房卫生的清扫符合标准，以防返工，客房服务员在离开客房之前应当先对客房卫生进行自查。

（24）再次检查开关，确定灯、换气扇等都处于关闭状态，并关上房门。

（25）在工作单上填写离开房间的时间。

3）客房卫生清洁质量标准

（1）客房门铃、门锁、门牌、“请勿打扰”指示灯、安全通道指示图等清洁完好。

（2）衣柜等家具无积尘、无污渍、无破损。

（3）小酒吧的物品、冰箱无污渍、无缺漏、摆放规范整齐，茶壶、杯具光亮、无积尘、无残缺。

（4）床上无毛发，床底无杂物，床铺美观，床品齐全。

（5）床头柜上的控制操作板正常，物品摆放整齐规范。

（6）房间内的灯具、设备运作正常，无积尘。

（7）房间内的壁纸、墙面、天花板灯等无积尘、无污渍、无破损。

（8）地毯干净、平整、无破损。

（9）垃圾桶套塑料袋，内外清洁干净。

（10）卫生间内所有设备干净光亮、无水迹、无污渍，物品数量齐全、摆放整齐规范。

（11）卫生间地面、墙面光亮、无污渍、无毛发。

（12）房间及卫生间内空气清新、无异味。

4. 要点提示

（1）客房清扫的基本方法：从上到下，从里到外，环形整理，干湿分开，先后有序，注意墙角。

（2）卫生间清洁标准：无发丝，无异味，无水珠，清洁光亮，物品摆放整齐。

（3）严格按照进房程序进房，不得只敲一次门或不敲门，更不允许通过门镜窥视。

（4）干湿抹布要分开使用，专巾专用，不可混用。禁止把客用品当抹布。

（5）不得随便翻动客人物品，住客房内除垃圾桶和烟缸垃圾外，其他均不得视为垃圾扔掉。

（6）工作中发现安全隐患，及时上报上一级管理人员。

（7）服务过程中，若无法解答客人提出的问题，应立即上报给上一级管理人员。

客房卫生清扫服务实训任务书

班级：________ 姓名：________ 学号：________ ____年____月____日

实训项目	客房卫生清扫服务	实训时间	4 课时
实训目的	1. 了解客房清扫的相关准备工作。 2. 熟悉客房清洁质量的标准及检查标准。 3. 掌握客房清洁的相关规定、基本方法和程序		
实训方法	设计模拟场景，老师布置任务，学生先按照任务书设计方案，再进行实际操作，最后老师进行指导，学生之间相互点评。		
课前布置任务	资料查询： 1. 了解酒店相关规章制度。 2. 了解酒店常用清洁设备的使用、保养方法。 3. 了解酒店客房卫生标准	操作准备： 1. 按实训要求着工装。 1. 化淡妆。 2. 准备酒店标准间及室内用品	
实训内容			
查看客房外的情况→按程序进房→停放好工作车→填写工作单→拉开窗帘、打开窗户→检查开关，关闭房间内的灯→调节空调→观察房内情况→撤出客房内的餐具、餐车、茶具等→收集垃圾→撤床→铺床→抹尘→撤出客人用过的四巾→冲洗坐便器→清洁洗脸盆及云台→擦拭镜面→清洗浴缸→除尘除迹→补充客房内的客用品→吸尘→再次调节空调→自我检查→再次检查开关，确定灯、换气扇等都处于关闭状态，并关上房间→在工作单上填写离开房间的时间			
要点提示	1. 客房清扫的基本方法：从上到下，从里到外，环形整理，干湿分开，先后有序，注意墙角。 2. 卫生间清洁标准：无发丝，无异味，无水珠，清洁光亮，物品摆放整齐。 3. 严格按照进房程序进房，不得只敲一次门或不敲门，更不允许通过门镜窥视。 4. 干湿抹布要分开使用，专巾专用，不可混用。禁止用客用品当抹布。 5. 不得随便翻动客人物品，住客房内除垃圾桶和烟缸垃圾外，其他均不得视为垃圾扔掉。 6. 工作中发现安全隐患，及时上报上一级管理人员。 7. 服务过程中，若无法解答客人提出的问题，应立即上报给上一级管理人员。		

客房卫生清扫服务能力测试

班级：______________ 姓名：_________ 学号：_________ ______年____月____日

序号	评价内容	操作内容	配分	得分
1	服务准备	（1）班前例会。 （2）按规范领取钥匙及相关用品。 （3）准备房务工作车。 （4）核实房态。 （5）确定清洁顺序	10	
2	规范进房	符合敲门及进房的规范标准	5	
3	整理卧室	（1）按规范流程合理地进行清洁整理。 （2）正确选择及使用清洁用具。 （3）按正确的方法整理客人的私人物品	20	
4	中式铺床	（1）一次开单到位，床单正面朝上、中线居中。 （2）包边包角紧致平整，包角式样统一。 （3）被套一次打开到位，被芯四角充实平整。 （4）床单平整、床单被套、枕套三线合一。 （5）不跪床、不绕床头	20	
5	添补客用物品	按规范配置进行添补，物品摆放到位，没有遗落物品	10	
6	清洁卫生间	（1）操作流程规范合理。 （2）正确选择及使用清洁用具	20	
7	自查	认真自查，细致无遗漏	5	
8	综合印象	整个操作程序流畅，操作规范，技能娴熟	10	
合计			100	
总评：				

学生自评表

班级：＿＿＿＿＿＿＿ 姓名：＿＿＿＿＿ 学号：＿＿＿＿＿ ＿＿＿年＿＿月＿＿日

评价项目及标准		配分	得分
操作技能	熟悉服务流程，能够不断优化自己的技能技巧	10	
	动手能力强，善于理论联系实际并灵活应用	10	
	熟练掌握各项操作技能，基本功扎实	10	
	熟悉质量分析，能够结合实际提高自己的综合实践能力	10	
	掌握客房卫生清扫服务的基本方法	10	
	分析任务的能力强，具备相关专业理论知识	10	
	了解客房常用设备的种类和用途，掌握常用设备的结构，了解常用设备的维护保养	10	
实习过程	1. 操作熟练情况。 2. 实习的出勤情况。 3. 每天的练习完成质量。 4. 每天考核的操作技能。 5. 每天对实习岗位卫生清洁、工具的整理保管及实习场所卫生清扫情况	20	
情感态度	1. 教师的互动。 2. 良好的劳动习惯。 3. 组员的交流、合作。 4. 实践动手操作的兴趣、态度	10	
合计		100	
简要评述			

注：总得分≥90 为优秀，80≤总得分<90 为良好，60≤总得分<80 为一般，总得分<60 为有待提高。

小组互评表

被评人姓名：________ 学号：__________ ____年____月____日 评价人：________

评价项目及标准		配分	得分
操作技能	熟悉服务流程，能够不断优化自己的技能技巧	10	
	动手能力强，善于理论联系实际并灵活应用	10	
	熟练掌握各项操作技能，基本功扎实	10	
	熟悉质量分析，能够结合实际提高自己的综合实践能力	10	
	掌握客房卫生清扫服务的基本方法	10	
	分析任务的能力强，具备相关专业理论知识	10	
	了解客房服务常用设备的种类和用途，掌握常用设备的结构，了解常用设备的维护保养	10	
实习过程	1. 安全操作情况。 2. 实习的出勤情况。 3. 每天的练习完成质量。 4. 每天考核的操作技能。 5. 每天对实习岗位卫生清洁、工具的整理保管及实习场所卫生清扫情况	20	
情感态度	1. 与教师的互动。 2. 良好的劳动习惯。 3. 与组员的交流、合作。 4. 实践动手操作的兴趣、态度	10	
合计		100	
简要评述			

注：总得分≥90 为优秀，80≤总得分<90 为良好，60≤总得分<80 为一般，总得分<60 为有待提高。

随堂练习

（1）卧室清扫程序“十字诀”是：

① ________ ② ________ ③ ________ ④ ________ ⑤ ________

⑥ ________ ⑦ ________ ⑧ ________ ⑨ ________ ⑩ ________

（2）卫生间清扫程序“十字诀”是：

① ________ ② ________ ③ ________ ④ ________ ⑤ ________

⑥ ________ ⑦ ________ ⑧ ________ ⑨ ________ ⑩ ________

项目五　地面清洁与维护

实训目的

（1）掌握不同材质地毯清洁的程序。

（2）掌握地毯常见污渍的处理方法。

（3）掌握不同材质地面的清洁保养方法。

实训方法

设计模拟场景，老师布置任务，学生先按照任务书设计方案，再进行实际操作，最后老师进行指导，学生之间相互点评。

实训时间

4 课时

实训内容

1. 基础知识

地毯清洁的方法；地毯清洁剂知识；不同材质地面的清洁保养知识。

2. 准备工作

准备需要的清洁器具以及各类清洁剂；准备好需要清洁的地毯。

3. 服务技能

1）不同材质的地毯清洁

（1）羊毛地毯的清洁。

柔软舒适的羊毛地毯弹性十足，非常厚实保暖，而且吸音能力极强，不易老化褪色，有着其他地毯所没有的独特优势，一直以来都是地毯中的畅销货，价格相对较高，不过清理时不太容易，有许多需要注意的地方。

在清洗羊毛地毯前，要先准备好清洗用品，一般的日常清理只需要吸尘器、污渍清洁剂、毛巾就可以了，如需除虫可以加上除虫剂，深度清洗可以用干洗粉。

最好每周都清理一次，使用吸尘器吸走地毯表面的尘土和杂质，吸尘器最好使用不带刷子的吸尘器，避免过多刷起毛的现象，如果不慎将水洒在地毯上，要将地毯拿到阴凉处晾干，避免在阳光下曝晒。

如果地毯沾上了污渍和油污，单靠吸尘器是无法有效祛除的，应该先以最快的速度用纸巾吸除过多的液体，再将少量的污渍清洁剂倒在毛巾上，从污渍的外缘向中心方向清洁，清洗好后要用干净毛巾尽可能去除过多水分，最后放在阴凉处晾干。

（2）尼龙地毯的清洁。

清洗材料：高泡地毯清洗剂、清水。

步骤：

① 先用清水漂洗，再用吸水器将水吸净。

② 然后用高泡地毯清洗剂擦拭污渍。

③ 用洗地机清洗后，用吸尘器吸干即可。

注意：

① 冬季，用热水清洗地毯效果更佳。

② 持续使用高浓度的强力洗洁剂会对地毯清洗和纤维本身产生负面影响。因此漂白剂应该是到最后才使用，以增加地毯使用年限。

③ 防止污渍变成永难祛除的斑痕的诀窍在于快速地处理，溅洒在地毯上的液体应以白色柔纸吸干。可在污渍上面多铺几层白色柔纸，轻轻擦拭，然后踩一踩。重复这个步骤，直到擦拭物饱和为止。黏稠的东西则应以平滑物，如汤匙，轻轻刮起来。固体或粉末状的东西用吸尘器效果最好。

（3）丙纶地毯的清洁。

洗涤前，要用吸尘器把丙纶地毯两面灰尘除净。洗涤时，用小毛巾浸上溶剂汽油，呈潮湿状，依次将丙纶地毯反复擦洗 2～3 遍，其间要将小毛巾在溶剂汽油中不断透洗。擦洗完后再用吸尘器将地毯吸一遍，把擦下来的残物吸净，这样丙纶地毯就算干洗完毕。

另外，丙纶地毯要用水基洗涤剂刷洗。方法是用软毛刷蘸上洗涤剂水溶液刷洗毯穗，边刷洗边用干净的湿毛巾将毯穗擦洗几遍，把残留在毯穗上的洗涤液吸附在毛巾上，最后用干净的干毛巾将毯穗擦干。由于丙纶地毯亲水性较差，有着易脱水，易干的特点，所以如果毯穗发黄，可用双氧水进行漂白。

（4）涤纶和腈纶地毯的清洁。

① 用吸尘器全面吸尘。

② 稀释清洁剂，倒入喷雾器中（也可注入水箱）。

③ 在地毯上全面喷洒清洁剂。

④ 作用 10～15 分钟后，污渍脱离纤维。

⑤ 用洗地机抽洗，操作向后行走，并且使每操作行有一部分重叠，最少经过两次抽洗。

⑥ 在清洗地毯的同时，用吸水机吸净已洗完的地毯。

⑦ 让地毯完全干透，为加快地毯干透，可开动地毯吹干机。

2）清除地毯常见污渍的方法

（1）食用油渍。

用汽油或四氯化碳等挥发性溶剂清除，残余部分要用酒精清洗。

（2）酱油渍。

新渍先用冷水刷过，再用洗涤剂洗即可除去。陈渍可用温水加入洗涤剂和氨水刷洗，然后用清水漂净。

（3）鞋油渍。

用汽油，松节油或酒精擦除，再用肥皂洗净。

（4）尿渍。

新渍可用温水或10%的氨水液洗除。陈渍先用洗涤剂洗，再用氨水洗，纯毛地毯要用柠檬酸洗。

（5）果汁渍。

先用5%的氨水液清洗，然后再用洗涤剂清洗一遍。但氨水对纯毛地毯纤维有损伤作用，故应尽量减少使用，一般可用柠檬酸或肥皂清洗，也可用酒精清洗。

（6）冰激凌渍。

用汽油擦拭。

（7）酒渍。

新渍用水清洗即可，陈渍需用氨水加硼砂的水溶液清洗。如果是毛、丝材料的地毯，可用草酸清洗。

（8）咖啡渍、茶渍。

用氨水洗除。丝、毛地毯，用草酸清洗剂浸10～20分钟后再洗除，或用10%的甘油溶液清洗。

（9）呕吐渍。

一种方法是用汽油擦拭后，再用5%的氨水擦拭，最后用温水洗净。另一种方法是用10%的氨水将呕吐液润湿，再用加有酒精的肥皂液擦拭，最后用洗涤剂清洗干净。

3）地毯清洁剂的分类

（1）干泡地毯清洁剂（有泡地毯清洁剂）。

① 使用范围及特点：适用于定期干泡清洗各种纤维地毯（涤纶腈纶），其特点是具有高浓度配方，泡沫丰富，去渍力强，洗后能令地毯光洁柔软，鲜艳如新，清洗芳香，如配合多功能洗地毯机使用，效果更显著。

② 稀释度：1∶30（清洁剂∶水）。

③ 使用方法：用水将干泡地毯清洁剂稀释后，注入擦地机泡箱内，用地毯或用手刷对清洁范围内的地毯进行清洁。

（2）地毯除渍剂。

① 使用范围：适用于清除地毯上的水性污渍、茶、咖啡、果汁渍等。

② 稀释度：预喷或手动除污时稀释比例为1∶5（清洁剂∶水）；抽洗时兑水量为1∶30。

③ 使用方法：

用喷壶将稀释后的地毯除渍剂喷在地毯污斑上，用毛巾或小刷子进行除污处理；

用水稀释后将地毯除渍剂注入吸水机的净水箱内，对地毯进行抽洗清洁。

（3）地毯除油剂。

① 使用范围及特点：适用于地毯上的顽固油渍，其特点是能迅速清除在地毯清洁过程中发现的顽固油渍。

② 使用方法：不用兑水，直接将地毯除油剂喷于地毯油污上，用毛巾擦拭。

（4）地毯无泡清洁剂。

① 使用范围及特点：适用于清洁各种长、短毛的地毯，其特点是高浓度配方，泡沫特少，去渍力强，洗后能令地毯光洁柔软，鲜艳如新，如配合蒸汽式地毯抽洗机使用，效果更显著。

② 稀释度：1∶10。

③ 使用方法：用水将无泡地毯清洁剂稀释后，注入擦地机泡箱内，用地毯刷或用手刷对清洁范围内的地毯进行清洁。

（5）化泡剂。

① 适用范围及特点：适用于吸水机吸水或抽洗地毯时去除水箱内的泡沫。化泡剂由浓缩矽化物乳化而成，其特点是可清除各种水质泡沫，特别适用于碱化物形成的泡沫。将少量的化泡剂加入有泡沫的液体中，泡沫便会逐渐消失。

② 稀释度：1∶1 000。

③ 使用方法：将 1∶1 000 的化泡剂加入吸水机的污水箱内，再进行吸水或抽洗地毯。

4）硬质地面的清洁与保养

（1）大理石地面的清洁保养

① 日常清洗。日常清洁使用到的工具有笤帚、拖把（干）、吸尘器和排拖。笤帚必须保持清洁干燥，拖把和排拖均在干净时泡入牵尘剂（静电水）中，浸透后风干待用。所有工具在使用以后均需清洗干净，否则会影响清扫效果。

② 清洗方法。先用笤帚扫除地面碎屑，后用拖把或排拖（视被清洗场地面积大小而定）进行除尘。由于牵尘剂的作用，清洗后的地面光亮无灰尘。也可使用吸尘器进行日常清洗，优点是省时省力。由于大厅大理石地面需不断地除尘清洗，吸尘器噪音声大，虽然配有专门的用于硬质地面的吸头，但地面并非绝对平滑，吸头与地面的吻合度不会是 100%，自然有吸不干净的地方，所以常规使用拖把和排拖。

在一些豪华酒店，严格的管理者要求服务员每晚必须用磨光机对大理石地面进行一遍磨光，可使地面光亮如新。

③ 定期清洗。酒店一般都规定有洗涤大理石地面的周期，主要视地面脏的程度而定，目的是清洗掉地面上较深的污垢和用拖把无法清理的脏迹。

④ 清洗大理石地面所需要的工具和材料。洗地机、尼龙刷盘、吸水机、海绵、水湿拖把，中性偏碱清洁剂，水桶。

⑤ 具体操作步骤。清洗地面前将所有物件搬离，做好一切准备工作，通常在晚 11：00 后进行。将稀释好的清洗液倒入洗地机内，开机操作，从后向前进，按直线行走，这样可避免遗漏。擦洗的同时开吸水机开关，边擦洗边吸除污水。对洗地机无法洗到的地方，可用拖把泡清洁液，拧干后按同样方法用清水再洗一遍，吸干水分即可。

⑥ 注意事项。清洁地面禁止使用会腐蚀和损伤大理石表层的酸性清洁剂和粉状清洁剂，避免使用粗糙物擦拭地面，否则会使大理石表面留下永久性划痕。

（2）木板地面的清洁保养。

木板地面的清洁保养方法与大理石基本相同，只是木板地面需更为小心地进行清洁保养，在此仅就区别进行说明，不再评述。

① 木板地面的日常清洗宜用牵尘剂浸泡过的拖把，不宜用排拖，原因是木板地面平整度略逊色于大理石，面积通常也较小。

② 清洗木板地面污垢时，不宜用洗地机，而应用拖把和稀释过的中性清洁剂拖洗。

③ 木器厂板地面所用的封蜡和面蜡应为油性。

④ 大理石地面可上封也可不上，因为其表面密度和光洁度很高，而木板的表面有气孔，需上封蜡以增加光洁度，最好上两层封蜡。

⑤ 再次打蜡前，去除木板地面陈蜡的方法是用磨砂机干磨，而后用吸尘器吸去陈蜡，这是因为木板地面不宜用水反复清洗。磨砂机可用洗地机和抛光机替代，换上钢丝绒软垫即可，以前这项工作均为手工操作，即用钢丝绒手擦方式进行，称之为砂擦。当然，对于机器擦不到的地方现仍需手工擦。

木板地面的清洁保养除上述几点与大理石地面的清洁保养稍有区别外，其他程序与大理石地面的清洁保养相同。

4. 要点提示

（1）工具设备齐全适用。

（2）清洁剂配置合理。

（3）水温不宜过高。

（4）清洁前要移开家具和其他障碍物。

（5）边角部位要用手工处理。

（6）如果地毯很脏，可多次反复清洗。

（7）必须待地毯完全干燥后才能再次使用。

（8）局部的严重污迹，应先手工清除。

（9）操作设备时要注意安全。

地面的清洁与维护实训任务书

班级：__________ 姓名：__________ 学号：______ ____年____月____日

<table>
<tr><td>实训项目</td><td>地面的清洁与维护</td><td>实训时间</td><td>4课时</td></tr>
<tr><td>实训目的</td><td colspan="3">1. 掌握不同材质的地面的清洁保养方法。
2. 掌握地毯清洁的程序。
3. 掌握特殊污渍的处理方法</td></tr>
<tr><td>实训方法</td><td colspan="3">设计模拟场景，老师布置任务，学生先按照任务书设计方案，再进行实际操作，最后老师进行指导，学生之间相互点评。</td></tr>
<tr><td>课前布置任务</td><td>资料查询：
1. 了解酒店相关规章制度。
2. 了解酒店常用清洁剂的使用方法。
3. 了解酒店地面材质基础知识</td><td colspan="2">操作准备：
1. 按实训要求着工装。
2. 化淡妆。
3. 准备地毯、大理石、木地板等材质的地面。
4. 准备地面清洁剂。
5. 准备刷子、吸尘器、地毯烘干机等设备</td></tr>
<tr><td colspan="4">实训内容</td></tr>
<tr><td colspan="4">1. 地毯除渍。
2. 大理石地面污渍处理。
3. 木地板污渍处理</td></tr>
<tr><td>要点提示</td><td colspan="3">1. 工具设备齐全适用。
2. 清洁剂配置合理。
3. 水温不宜过高。
4. 清洁前要移开家具和其他障碍物。
5. 边角部位要用手工处理。
6. 如果地毯很脏，可多次反复清洗。
7. 必须待地毯完全干燥后才能再次使用。
8. 局部的严重污迹，应先手工清除。
9. 操作设备时需注意安全</td></tr>
</table>

地面清洁与维护能力测试

班级：__________ 姓名：________ 学号：________ ____年____月____日

序号	评价内容	操作内容	配分	得分
1	准备器具	（1）竖立告示牌，拉好安全围栏。 （2）准备好各类清洁剂。 （3）准备好各类清洁器具	20	
2	拣出硬物	认真细致地拣出地毯上的牙签、鱼刺、大头针等不易发现的硬物	10	
3	清除污渍	（1）辨别污渍的类别。 （2）根据不同的污渍选择不同的清洁剂，并选取不同的清洁方法。 （3）清除过程中使用废旧的干布，并且操作规范	30	
4	吸尘	（1）正确使用吸尘器。 （2）按照一定的顺序吸尘，注意墙边、角落，避免遗漏	10	
5	清洗地毯	（1）正确使用洗地毯机。 （2）根据地毯脏污程度调配地毯清洁剂浓度。 （3）为了防止地毯缩水，用钉子固定地毯四周和接缝处。 （4）清洗过程认真、细致。 （5）清洗地毯过程中不能把地毯洗得过湿，避免水往地毯下渗漏	20	
6	烘干拨松	（1）正确使用烘干机烘干地毯。 （2）合理使用吸尘器吸尘、拨松地毯纤维	10	
合计			100	
总评：				

学生自评表

班级：______________ 姓名：__________ 学号：__________ ______年____月____日

评价项目及标准		配分	得分
操作技能	熟悉服务流程，能够不断优化自己的技能技巧	10	
	动手能力强，善于理论联系实际和灵活应用	10	
	熟练掌握各项操作技能，基本功扎实	10	
	熟悉质量分析，能够结合实际提高自己的综合实践能力	10	
	掌握清洁各种地面的基本方法	10	
	分析任务的能力强，具备相关专业理论知识	10	
	了解地面常用工具的种类和用途，掌握常用工具的结构，了解常用工具的维护保养	10	
实习过程	1. 操作熟练情况。 2. 实习的出勤情况。 3. 每天的练习完成质量。 4. 每天考核的操作技能。 5. 每天对实习岗位卫生清洁、工具的整理保管及实习场所卫生清扫情况	20	
情感态度	1. 与教师的互动。 2. 良好的劳动习惯。 3. 与组员的交流、合作。 4. 实践动手操作的兴趣、态度	10	
合计		100	
简要评述			

注：总得分≥90为优秀，80≤总得分<90为良好，60≤总得分<80为一般，总得分<60为有待提高。

小组互评表

被评人姓名：________ 学号：__________ ____年____月____日 评价人：________

评价项目及标准		配分	得分
操作技能	熟悉服务流程，能够不断优化自己的技能技巧	10	
	动手能力强，善于理论联系实际和灵活应用	10	
	熟练掌握各项操作技能，基本功扎实	10	
	熟悉质量分析，能够结合实际提高自己的综合实践能力	10	
	掌握各种材质地面的清洁与维护的基本方法	10	
	分析任务的能力强，懂得相关专业理论知识	10	
	了解地面清洁常用工具的种类和用途，掌握常用工具的结构，了解常用工具的维护保养	10	
实习过程	1.安全操作情况 2.实习的出勤情况。 3.每天的练习完成质量。 4.每天考核的操作技能。 5.每天对实习岗位卫生清洁、工具的整理保管及实习场所卫生清扫情况	20	
情感态度	1.与教师的互动。 2.良好的劳动习惯。 3.与组员的交流、合作。 4.实践动手操作的兴趣、态度	10	
合计		100	
简要评述			

注：总得分≥90 为优秀，80≤总得分<90 为良好，60≤总得分<80 为一般，总得分<60 为有待提高。

随堂练习

（1）请补充完整地毯清洁的步骤。

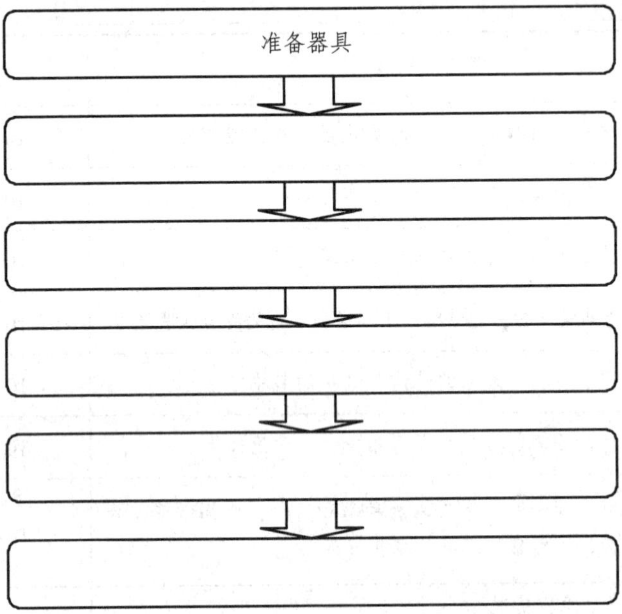

（2）除去地毯上的牛奶污渍，应该用什么清洁剂?

5

模块五

客房部的管理

项目一　客房部与其他部门的沟通与协调

实训目的

（1）了解产生投诉的原因。

（2）了解处理投诉的程序。

（3）掌握处理投诉的方法和技巧。

实训方法

设计模拟场景，老师布置任务，学生先按照任务书设计方案，再进行实际操作，最后老师进行指导，学生之间相互点评。

实训时间

2 课时

实训内容

1. 基础知识

可能产生投诉的原因；处理投诉的程序和方法。

2. 准备工作

仪容仪表的整理；处理投诉前的心理准备和对基础知识的准备。

3. 服务技能

1）产生投诉的原因

以下几种情况可能会产生投诉：

① 酒店硬件设施不达标。

② 酒店清洁卫生不达标。

③ 服务员服务质量差。

④ 客房安全问题。

⑤ 客人自身的原因。

2）处理投诉的程序

（1）聆听客人的意见。

仔细聆听客人的意见，不与客人争辩，不要急于解释，可以先向客人道“对不起”，若客人大声吵闹，应先劝其离开公众场合。

（2）认真记录。

认真记录客人的姓名，投诉时间与内容等，在记录的同时适时复述，表示对客人的重视。

（3）处理投诉。

对于易处理的投诉要及时处理，并将处理结果告知客人，然后再次道歉，以消除客人的不满。

对于不易处理的投诉或重大投诉，要立即上报经理，向客人道歉，并感谢客人提出宝贵的意见，切忌草率处理。

（4）记录归档。

详细记录投诉内容并写明处理结果，上报经理批示后归档。

3）处理投诉的方法

（1）抓住客人投诉的心理。

客人投诉的心理有三种：发泄、尊重、补偿。

（2）设法使客人冷静。

（3）使用“替代”的方法。

服务员站在客人的立场，真心实意地替客人着想，化解客人的不满。

（4）维护客人和酒店双方的利益。

（5）用恰当的方法处理客人的投诉。

4. 要点提示

（1）接待客人投诉时，慎用“微笑”，否则会使客人产生错觉。

（2）接受客人投诉时，要善于分析，听清客人的意见、要求，然后迅速果断地处理问题。

（3）对于恶意投诉的客人，应及时向上级汇报，由保安人员或者更高层管理者出面进行再次劝阻。

处理投诉实训任务书

班级：______________ 姓名：__________ 学号：__________ ______年____月____日

<table>
<tr><td>实训项目</td><td>处理投诉</td><td>实训时间</td><td>2课时</td></tr>
<tr><td>实训目的</td><td colspan="3">1. 了解产生投诉的原因。
2. 了解处理投诉的程序。
3. 掌握处理投诉的方法和技巧。</td></tr>
<tr><td>实训方法</td><td colspan="3">设计模拟场景，老师布置任务，学生先按照任务书设计方案，再进行实际操作，最后老师进行指导，学生之间相互点评。</td></tr>
<tr><td>课前布置任务</td><td>资料查询：
1. 顾客心理学知识。
2. 酒店投诉处理办法。
3. 酒店投诉处理流程</td><td colspan="2">操作准备：
1. 茶水、纸、笔等用品。
2. 酒店接待室实训设备</td></tr>
<tr><td colspan="4">实训内容</td></tr>
<tr><td colspan="4">1. 聆听客人的意见。仔细聆听客人的意见，不与客人争辩，不要急于解释，可以先向客人道“对不起”，若客人大声吵闹，应先劝其离开公众场合。
2. 认真记录。认真记录客人的姓名，投诉时间与内容等，在记录的同时适时复述，表示对客人的重视。
3. 处理投诉。对于易处理的投诉要及时处理，并将处理结果告知客人，然后再次道歉，以消除客人的不满。对于不易处理的投诉或重大投诉，要立即上报经理，向客人道歉，并感谢客人提出宝贵的意见，切忌草率处理。
4. 记录归档。详细记录投诉内容并写明处理结果，上报经理批示后归档。</td></tr>
<tr><td>要点提示</td><td colspan="3">1. 接待客人投诉时，慎用“微笑”，否则会使客人产生错觉。
2. 接受客人投诉时，要善于分析，听清客人的意见、要求，然后迅速果断地处理问题。
3. 对于恶意投诉的客人，应及时向上级汇报，由保安人员或者更高层管理者出面进行再次劝阻</td></tr>
</table>

处理投诉能力测试

班级：______________ 姓名：__________ 学号：__________ ______年____月____日

<table>
<tr><td>序号</td><td>评价内容</td><td>操作内容</td><td>配分</td><td>得分</td></tr>
<tr><td>1</td><td>接受、处理投诉</td><td>（1）明确客人身份。
（2）保持冷静，认真聆听。
（3）记录要点。
（4）不与客人争辩，了解事情的经过。
（5）表示歉意。
（6）尽快答复，尽快解决。
（7）有解决不了的投诉，尽快向经理汇报。
（8）落实投诉的问题，并将处理结果告知客人</td><td>80</td><td></td></tr>
<tr><td>2</td><td>记录及存档</td><td>（1）详细记录：客人姓名、房号、电话、投诉时间、投诉事由和处理结果，存档。
（2）上报、存档</td><td>20</td><td></td></tr>
<tr><td colspan="3">合计</td><td>100</td><td></td></tr>
<tr><td colspan="5">总评：</td></tr>
</table>

学生自评表

班级：______________ 姓名：__________ 学号：__________ ______年____月____日

评价项目及标准		配分	得分
操作技能	熟悉服务流程，能够不断优化自己的技能技巧	10	
	动手能力强，善于理论联系实际和灵活应用	10	
	熟练掌握各项操作技能，基本功扎实	10	
	熟悉质量分析，能够结合实际提高自己的综合实践能力	10	
	掌握客房各项服务的基本方法	10	
	分析任务的能力强，具备相关专业理论知识	10	
	了解客房服务常用设备的种类和用途，掌握常用设备的结构，了解常用设备的维护保养	10	
实习过程	1. 操作熟练情况。 2. 实习的出勤情况。 3. 每天的练习完成质量。 4. 每天考核的操作技能。 5. 每天对实习岗位卫生清洁、工具的整理保管及实习场所卫生清扫情况	20	
情感态度	1. 教师的互动。 2. 良好的劳动习惯。 3. 组员的交流、合作。 4. 实践动手操作的兴趣、态度	10	
合计		100	
简要评述			

注：总得分≥90 为优秀，80≤总得分<90 为良好，60≤总得分<80 为一般，总得分<60 为有待提高。

小组互评表

被评人姓名：________ 学号：__________ ____年____月____日 评价人：________

评价项目及标准		配分	得分
操作技能	熟悉服务流程，能够不断优化自己的技能技巧	10	
	动手能力强，善于理论联系实际和灵活应用	10	
	熟练掌握各项操作技能，基本功扎实	10	
	熟悉质量分析，能够结合实际提高自己的综合实践能力	10	
	掌握处理投诉的基本方法	10	
	分析任务的能力强，具备相关专业理论知识	10	
	了解客房服务常用设备的种类和用途，掌握常用设备的结构，了解常用设备的维护保养	10	
实习过程	1. 安全操作情况。 2. 实习的出勤情况。 3. 每天的练习完成质量。 4. 每天考核的操作技能。 5. 每天对实习岗位卫生清洁、工具的整理保管及实习场所卫生清扫情况	20	
情感态度	1. 与教师的互动。 2. 良好的劳动习惯。 3. 与组员的交流、合作。 4. 实践动手操作的兴趣、态度	10	
合计		100	
简要评述			

注：总得分≥90为优秀，80≤总得分<90为良好，60≤总得分<80为一般，总得分<60为有待提高。

随堂练习

（1）在处理投诉时客人情绪比较激动，可以采取哪些方法？

（2）怎样应对无理取闹的客人？

项目二　客房物品、设备的控制

实训目的

（1）掌握客房设备的管理方法。
（2）了解客房布草的种类规格、配备、管理和控制方法。
（3）掌握客用物品的配备、领发、控制流失等。

实训方法

设计模拟场景，老师布置任务，学生先按照任务书设计方案，再进行实际操作，最后老师进行指导，学生之间相互点评。

实训时间

2 课时

实训内容

1. 基础知识

客房设备的管理方法；布草的种类规格、配备、管理和控制，客用物品的配备、领发和控制等基础知识。

2. 准备工作

仪容仪表的整理；工作思路和基础知识的准备。

3. 服务技能

1）熟练掌握客房设备的管理方法

（1）客房家具、清洁设备等设备的使用、保养方法。
（2）客房家具、清洁设备等设备的管理制度。
（3）客房设备、清洁设备等设备的更新工作制度。

2）客房布草的管理

（1）布草的分类。
客房布草种类：
① 床上布草：床单、被套、枕套、褥单、床罩、床裙。

② 卫生间布草：大浴巾、小浴巾、面巾、方巾、地巾、浴袍。

③ 其他布草：餐巾、沙发巾、帷幔、遮光窗帘、纱窗帘。

（2）客房布草的配备。

酒店客房布草的配备定额一般为3.5～4套。其中，一套在用、一套换洗、一套周转、半套或一套备用。

（3）布草的消耗计算。

单项布草年度消耗定额=客房单间配备套数×客房数×预测的平均出租率×单向布草年度损耗率

年度损耗率=1÷每件布草的使用年限×100%

（4）布草的控制

酒店为了避免布草的“流失”和出现责任不清的情况，一般会要求各班次在交接工作时将布草全部清点核实。所以对于布草的控制主要掌握以下几点：

① 分类存放布草，并附有货卡。

② 服务员要熟知每一个存放点布草的种类、数量以及摆放方法。

③ 布草发放时要求“对等交换”，即用脏的布草换取相同规格、品种、数量的干净布草。

3）客房物品配备及领发

客房物品的发放工作应该由客房部中心库房的日用品发放员负责，日用品发放员要定期填写客用物品申购单，中心库房根据客房服务员的“客房日用品申领表”发放客用物品，并凭“客房日用品申领表”做账。

楼层领班负责本楼层客用物品的管理，每天统计客房服务员上报的客用物品消耗用量，并将客用物品消耗用量上报客房服务中心。客房服务中心将所有楼层的客用物品消耗量汇总，客房部根据每日统计资料，定期对各楼层客用物品消耗用量进行汇总，并结合盘点，汇报给客房部。

客房日用品申领表

楼层：__________　　　　　　　　日期：__________

品名	申领数		实领数	
	数量	单位	数量	单位
拖鞋				
牙刷				
梳子				
香皂				
卫生纸				
面巾纸				

续表

品名	申领数		实领数	
	数量	单位	数量	单位
洗发液				
沐浴液				
护肤露				
卫生袋				
剃须刀				
信纸				
铅笔				
圆珠笔				
传真纸				
…				

申领者：＿＿＿＿＿＿＿＿＿　　　　发放者：＿＿＿＿＿＿＿＿＿

4. 要点提示

（1）具体情况具体分析，客房出租率急剧上升时，客用物品消耗过量，属于正常情况。

（2）健全管理制度，在领取、使用、保管等环节都要严格把关。

（3）在客用物品消耗的控制中，既要节约，又要讲究适度。

客用物品消耗分析控制实训任务书

班级：________ 姓名：________ 学号：________ ______年____月____日

实训项目	客用物品月度用量统计	实训时间	1课时
实训目的	1. 了解客用物品的配备制度。 2. 了解客用物品的领发程序。 3. 掌握客用物品控制办法。		
实训方法	设计模拟场景，老师布置任务，学生先按照任务书设计方案，再进行实际操作，最后老师进行指导，学生之间相互点评。		
课前布置任务	资料查询： 1. 客用物品配备制度。 2. 客用物品消耗定额计算方法。 3. 客用物品领发规定。 4. 客用物品日常管理制度	操作准备： 1. 计算机、笔、纸等物品。 2. 相关的表格	
实训内容			
1. 客用物品配备。 2. 客用物品领发。 3. 客用物品每日统计。 4. 客用物品定期分析。 5. 客用物品消耗控制			
要点提示	1. 具体情况具体分析，客房出租率急剧上升时，客用物品消耗过量，属于正常情况。 2. 健全管理制度，在领取、使用、保管等环节都要严格把关。 3. 在客用物品消耗的控制中，既要节约，又要讲究适度		

客用物品消耗分析控制能力测试

班级：________ 姓名：________ 学号：________ ______年____月____日

序号	评价内容	操作内容	配分	得分
1	客用物品配置	清点客用物品配置	10	
2	客用物品领发	（1）客用物品申领。 （2）客用物品申购	30	
3	客用物品消耗统计	（1）客用物品消耗日统计。 （2）客用物品消耗定期统计	30	
4	客用物品消耗控制	根据汇总制定客用物品消耗控制办法	20	
5	整体效果	计算是否流畅，策略是否得当	10	
合计			100	
总评：				

学生自评表

班级：______________ 姓名：__________ 学号：__________ ______年____月____日

评价项目及标准		配分	得分
操作技能	熟悉服务流程，能够不断优化自己的技能技巧	10	
	动手能力强，善于理论联系实际和灵活应用	10	
	熟练掌握各项操作技能，基本功扎实	10	
	熟悉质量分析，能够结合实际提高自己的综合实践能力	10	
	掌握客用物品消耗控制的基本方法	10	
	分析任务的能力强，具备相关专业理论知识	10	
	了解客房服务常用设备的种类和用途，掌握常用设备的结构，了解常用设备维护保养	10	
实习过程	1．操作熟练情况。 2．实习的出勤情况。 3．每天的练习完成质量。 4．每天考核的操作技能。 5．每天对实习岗位卫生清洁、工具的整理保管及实习场所卫生清扫情况	20	
情感态度	1．与教师的互动。 2．良好的劳动习惯。 3．与组员的交流、合作。 4．实践动手操作的兴趣、态度	10	
合计		100	
简要评述			

注：总得分≥90 为优秀，80≤总得分<90 为良好，60≤总得分<80 为一般，总得分<60 为有待提高。

小组互评表

被评人姓名：________ 学号：__________ ____年____月____日 评价人：________

评价项目及标准		配分	得分
操作技能	熟悉服务流程，能够不断优化自己的技能技巧	10	
	动手能力强，善于理论联系实际和灵活应用	10	
	熟练掌握各项操作技能，基本功扎实	10	
	熟悉质量分析，能够结合实际提高自己的综合实践能力	10	
	掌握客用物品消耗控制的基本方法	10	
	分析任务的能力强，具备相关专业理论知识	10	
	了解客房服务常用设备的种类和用途，掌握常用设备的结构，了解常用设备的维护保养	10	
实习过程	1．安全操作情况。 2．实习的出勤情况。 3．每天的练习完成质量。 4．每天考核的操作技能。 5．每天对实习岗位卫生清洁、工具的整理保管及实习场所卫生清扫情况。	20	
情感态度	1．与教师的互动。 2．良好的劳动习惯。 3．与组员的交流、合作。 4．实践动手操作的兴趣、态度	10	
合计		100	
简要评述			

注：总得分≥90 为优秀，80≤总得分<90 为良好，60≤总得分<80 为一般，总得分<60 为有待提高。

随堂练习

计算题：

哈密某酒店客房内的茶叶，每间客房每天供应 4 包，平均每间客房每天的消耗量为 3 包，平均消耗率为 75%，如果某一楼层本月客房的出租率为 100 间，计算该楼层本月茶叶的消耗定额。

参考文献

[1] 陈莹，范运铭. 客房服务与管理[M]. 北京：高等教育出版社，2015.
[2] 姜倩. 客房服务（第四版）[M]. 北京：中国劳动社会保障出版社，2016.
[3] 廖建军. 客房服务与管理练习册（第二版）[M]. 北京：高等教育出版社，2020.
[4] 黄景容. 一体化课程开发与实施[M]. 广州：广东教育出版社，2016.
[5] 郭莉，陈红艳，孙秀英. 餐饮服务与管理实训技能指导[M]. 天津：天津大学出版社，2016.
[6] 施燕丹，王小平. 前厅服务与管理[M]. 长春：东北师范大学出版社，2017.
[7] 吕建中. 现代旅游饭店管理[M]. 北京：中国旅游出版社，2004.